SOBRE A FELICIDADE

COLEÇÃO **PRÁTICAS DOCENTES**

Marcos Ferreira de Paula

SOBRE A
FELICIDADE

autêntica

Copyright © 2014 Marcos Ferreira de Paula
Copyright © 2014 Autêntica Editora

Todos os direitos reservados pela Autêntica Editora. Nenhuma parte desta publicação poderá ser reproduzida, seja por meios mecânicos, eletrônicos, seja via cópia xerográfica, sem a autorização prévia da Editora.

Todos os esforços foram feitos no sentido de encontrar os detentores dos direitos autorais das obras que constam deste livro. Pedimos desculpas por eventuais omissões involuntárias e nos comprometemos a inserir os devidos créditos e corrigir possíveis falhas em edições subsequentes.

COORDENAÇÃO EDITORIAL DA COLEÇÃO PRÁTICAS DOCENTES
Maria Eliza Linhares Borges

CONSELHO EDITORIAL
Ana Rocha dos Santos (UFS)
Celso Favaretto (USP)
Juarez Dayrell (UFMG)
Kazumi Munakata (PUC-SP)

EDITORA RESPONSÁVEL
Rejane Dias

EDITORA ASSISTENTE
Cecília Martins

REVISÃO
Aline Sobreira

PROJETO GRÁFICO
Diogo Droschi

CAPA
Alberto Bittencourt
(Sobre imagem de *Diógenes*, John William Waterhouse, 1882)

DIAGRAMAÇÃO
Conrado Esteves

Dados Internacionais de Catalogação na Publicação (CIP)
(Câmara Brasileira do Livro, SP, Brasil)

Paula, Marcos Ferreira de
  Sobre a felicidade / Marcos Ferreira de Paula. -- Belo Horizonte : Autêntica Editora, 2014. -- (Coleção Práticas Docentes)

  Bibliografia
  ISBN 978-85-8217-472-2

  1. Educação - Filosofia 2. Prática de ensino 3. Professores - Formações profissionais I. Título. II. Série.

14-09798   CDD-370.1

Índices para catálogo sistemático:
1. Educação : Filosofia 370.1

Belo Horizonte
Rua Aimorés, 981, 8º andar . Funcionários
30140-071 . Belo Horizonte . MG
Tel.: (55 31) 3214 5700

São Paulo
Av. Paulista, 2.073, Conjunto Nacional,
Horsa I . 23º andar, Conj. 2301 . Cerqueira
César . 01311-940 . São Paulo . SP
Tel.: (55 11) 3034 4468

Televendas: 0800 283 13 22
www.grupoautentica.com.br

Para Glauber e Maria,

para Pita e Adriana
(*in memoriam*).

> ...decidi, finalmente, indagar se existia algo que fosse um bem verdadeiro, capaz de comunicar-se [...]; algo que, descoberto e adquirido, me desse para sempre o gozo de contínua e suprema alegria.
>
> Espinosa, *Tratado da emenda do intelecto*, §1

APRESENTAÇÃO..11

INTRODUÇÃO
A SOCIEDADE ATUAL E O TEMA DA FELICIDADE...15

CAPÍTULO 1
**A FELICIDADE ENTRE OS
FILÓSOFOS DA ANTIGUIDADE**................................... 21
    Origens...21
    A felicidade entre os pré-socráticos
    (séculos VI a IV a.C.)..26
    Sabedoria, virtude e felicidade
    (Sócrates, Platão, Aristóteles)................................32

CAPÍTULO 2
A FELICIDADE NO PERÍODO HELENÍSTICO............ 43
    Novos rumos: a herança grega e os impérios........43
    Prazer e dor, autarquia e filosofia.........................46
    Tranquilidade na dúvida:
    a felicidade entre os céticos..................................52
    A felicidade entre os estoicos...............................54

CAPÍTULO 3
O CRISTIANISMO E A FELICIDADE............................. 65
    Pensamento cristão, filosofia e felicidade..............65
    Agostinho e a felicidade da graça.........................69
    Tomás de Aquino e a felicidade incompleta..........73

CAPÍTULO 4
A FELICIDADE ENTRE OS FILÓSOFOS MODERNOS 81

- O renascimento do homem (contexto histórico) 81
- Bacon e Descartes: razão, ciência e felicidade 86
- Espinosa: a felicidade como *amor intelectual de Deus* 94
- Iluminismo: a promessa de felicidade ao alcance da humanidade 102
- O otimismo positivista 108
- Marxismo e felicidade 113
- Afirmação da vida e felicidade em Nietzsche 121

CAPÍTULO 5
A FELICIDADE ENTRE OS CONTEMPORÂNEOS ... 133

- Catástrofes, contradições e a "nova" felicidade ... 133
- Sartre e a felicidade absurda de Camus 138
- Clément Rosset: do trágico à felicidade 143
- André Comte-Sponville: do desespero à felicidade 147

CONCLUSÃO
FILOSOFIA E FELICIDADE 153

GLOSSÁRIO 157

REFERÊNCIAS 161

LISTA DE FIGURAS 165

APRESENTAÇÃO

A felicidade existe? E se ela existe, será possível alcançá-la? É comum ouvir dizer que felicidade não existe, o que existe são apenas momentos de alegria. Com isso, o que se quer dizer é que só há momentos *passageiros* de alegria, e que a felicidade é algo *permanente*; portanto, a felicidade não existe, já que nossas vidas mostram que é impossível estar contente o tempo todo. Mas é isso a felicidade? Será ela um estado de alegria ininterrupta, permanente, como se aquele que fosse feliz vivesse sorrindo o tempo todo, independentemente do que acontecesse em sua vida?

Essas perguntas tocam diretamente a vida de todos nós, sobretudo atualmente, quando muitas pessoas tentam preencher suas vidas com o consumo desenfreado de bens e mercadorias de todo tipo, mostrados diariamente pela mídia e vendidos ininterruptamente pela internet. De fato, no mundo em que vivemos, muita gente tende a pensar que a "felicidade" de suas vidas está principalmente no consumo de bens e na acumulação de riquezas. Existem também aqueles que acham que a "felicidade" se encontra na fama ("estar na mídia", por exemplo) ou no poder (ser governador de um grande estado ou presidente da República). Há ainda, e não são poucos nos dias de hoje, os que depositam sua felicidade no sexo. Ser rico, famoso, poderoso ou simplesmente gozar os corpos sensuais. É isso a felicidade?

Desde a Grécia Antiga, os filósofos estiveram sempre preocupados com o *conhecimento* das "coisas" tais como elas são, e não simplesmente como gostaríamos ou desejaríamos que fossem. Justamente por isso, muitos deles não deixaram de se perguntar *o que é* a felicidade, se ela *existe* e se de fato ela é *alcançável*. As respostas dadas por cada um deles, no entanto, são diferentes, porque são distintas não só as épocas em que eles viveram, mas também a maneira como pensavam o mundo, a existência, a política e os próprios limites e possibilidades do conhecimento. Da Grécia Antiga aos nossos dias, muita coisa mudou, é verdade, mas a felicidade como um problema filosófico (e existencial!) permanece na atualidade.

As questões trabalhadas neste livro se destinam, sobretudo, aos professores e professoras de Filosofia do ensino médio. Ao optarmos por trabalhar um único tema filosófico, a felicidade, nossa intenção é mostrar a diversidade das respostas que cada filósofo aqui trabalhado ofereceu às questões que gravitam em torno desse assunto. Seguindo a lógica de nossa exposição, vocês poderão ao mesmo tempo acompanhar, em linhas gerais, tanto o pensamento desses filósofos quanto alguns momentos da própria história da filosofia. A tarefa de formar filósofos não cabe ao ensino médio. Mas quisemos pelo menos oferecer aos professores e professoras a oportunidade de utilizar o tema da felicidade para estimular alunos e alunas a pensarem filosoficamente, adentrando assim o universo da filosofia. Não há dúvida de que o exercício do pensamento filosófico contribui para desencadear ações e atitudes autônomas e cidadãs. Felicidade e cidadania, acreditamos, não estão separadas. A busca da primeira tem efeitos sobre a segunda, e uma contribui para a outra.

Leitores e leitoras encontrarão aqui as visões de muitos filósofos sobre a felicidade. A partir delas, e do confronto entre elas, esperamos que cada um possa tirar suas próprias conclusões, refletindo sobre a felicidade com a ajuda e na companhia de filósofos. No final desse processo, certamente cada leitor e cada leitora terão adquirido maior embasamento filosófico sobre o tema para chegar a suas próprias conclusões. O importante é que professores e professoras possam realizar exercícios filosóficos sobre o tema da felicidade.

Mas vejam só que interessante: a maior parte dos filósofos que veremos considerava que a felicidade residia justamente no próprio exercício de reflexão. Se eles estiverem certos, nós só temos a ganhar com a leitura deste pequeno livro. Pois, ao assumirmos a felicidade como tema filosófico, já estaremos, de algum modo, em contato com a própria felicidade.

* * *

No início de cada capítulo, oferecemos alguns elementos históricos sobre o período em questão. São apontamentos gerais para que os leitores possam se situar no contexto em que o tema está sendo tratado. Já ao final dos capítulos são oferecidas sugestões de livros, músicas, filmes ou documentários disponíveis na internet. Estes recursos didáticos podem contribuir para o trabalho daqueles que não apenas aprendem, mas também exercem a nobre tarefa de ensinar.

INTRODUÇÃO
A SOCIEDADE ATUAL E O TEMA DA FELICIDADE

Em qualquer fase da humanidade, não importa em qual período da história, homens e mulheres sempre buscaram alegrias e prazeres. Se, com efeito, buscamos naturalmente viver e sobreviver, e se as alegrias e os prazeres nos mantêm vivos ou nos fazem viver melhor, o normal é que busquemos gozar as coisas e situações que proporcionam tais alegrias e prazeres.

Contudo, conforme a época, a sociedade e o grupo social a que pertence o indivíduo, são diferentes não só o tipo e a qualidade, mas também o sentido das coisas que homens e mulheres buscam para realizar seus prazeres e para encontrar suas alegrias. Na antiga sociedade grega do tempo de Aristóteles, no século IV a.C., alguém poderia provavelmente encontrar certo prazer na posse de um escravo, por exemplo, já que isso facilitava a vida doméstica do proprietário, liberando-o para a vida política ou contemplativa. Já na sociedade moderna do século XVII, o trabalho e a aquisição de bens tinham valor e sentido completamente diferentes para a nobreza e para a burguesia que estava surgindo. Para os burgueses protestantes, por exemplo, o trabalho tinha um enorme valor, não porque pudesse proporcionar bem-estar e status social, mas sim porque constituía uma verdadeira "ascese", uma fuga do mundo pecaminoso, como afirmou o sociólogo Max Weber (2011). Já para a nobreza, o trabalho era moralmente desprezado e considerado uma atribuição exclusiva dos mais pobres, os servos. Todo o palácio, com sua decoração requintada e seus serviçais, era símbolo do status nobre (duque, marquês, conde, etc.). Mas, por isso mesmo, um nobre que porventura se encontrasse impossibilitado de continuar mantendo sua renda e, consequentemente, seu palácio, seus bens e seus diversos criados poderia se sentir arruinado e infeliz, já que tal situação implicaria ter de trabalhar, o que, por sua vez, significava deixar de fazer parte da nobreza.

Da mesma maneira, em nossa sociedade, as pessoas buscam o gozo de alegrias e prazeres em coisas e situações muito diferentes das antigas sociedades grega, romana ou medieval. Certamente, na atual sociedade, a alegria é buscada antes de tudo no consumo, em suas mais diversas formas. Consomem-se não apenas coisas materiais – carros, casas, objetos eletroeletrônicos, etc. –, mas também corpos (como no caso da prostituição), imagens (televisão, internet, etc.) e drogas (em uma busca, muitas vezes, de outros estados de consciência e percepção que escapem ou evitem a realidade, quando ela é considerada chata, rotineira ou artificial).

Será que temos sido mais felizes em meio ao consumo dos mais variados tipos de bens? Curiosamente, parece ocorrer justamente o contrário! O filósofo Gilles Lipovetsky, em seu livro *A felicidade paradoxal: ensaio sobre a sociedade do hiperconsumo*, afirma que, em nosso tempo, a "euforia está em cartaz", mas a "desolação dos seres progride todo dia um pouco mais"; há "abundância material", mas ao mesmo tempo existe um "déficit de felicidade". Por quê? Porque a "proliferação dos bens consumíveis", como ele escreve, não impede uma "espiral de penúria", já que a sociedade capitalista do hiperconsumo gera alto grau de exclusão demográfica e sociocultural. No entanto, notemos: a infelicidade não está apenas do lado dos "excluídos", ela se encontra também entre aqueles que pertencem ao sistema de produção e consumo incessantes.

[...] a sociedade do hiperconsumo é aquela em que as insatisfações crescem mais depressa que as ofertas de felicidade. Consome-se mais, mas vive-se menos; quanto mais explodem os apetites de aquisição, mais se aprofundam os descontentamentos individuais. Desorientação, desapontamento, desilusão, desencanto, tédio, nova pobreza: o universo mercantilizado agrava metodicamente o mal do homem, deixando-o em estado de insatisfação irredutível (LIPOVETSKY, 2007, p. 158).

O hiperconsumo, portanto, não traz a "felicidade" muitas vezes prometida nos anúncios publicitários e ainda gera descontentamento, insatisfação, tédio. Isso significa que mesmo que todos pudessem consumir e gozar dos bens oferecidos pelo mercado, ainda assim a insatisfação e o tédio seriam as marcas da sociedade do hiperconsumo.

Figura 1. Na charge do cartunista Bill Watterson, os personagens Calvin e Haroldo refletem sobre o que seria a felicidade. "Dinheiro, poder ou fama?" Calvin opta pelos três, defendendo uma definição segundo a qual a felicidade estaria na posse de dinheiro, com o qual se poderia obter o gozo do poder e da fama. Nesse caso, porém, o resultado é contrário ao que se buscava: tendo um grande poder sobre as coisas, podemos nos entregar "a todo tipo de excesso" e nos sentir com o poder de "esmagar as pessoas que se meterem" em nosso caminho, impedindo nossa felicidade. A ironia é que aquilo que se pensava ser o gozo mesmo da felicidade se torna crueldade contra o outro. O "segredo da felicidade", portanto, não pode ser "dinheiro, poder e fama", os quais são buscados por muitos e conhecidos por muita gente, não constituindo segredo algum. Ao contrário, a procura desses bens faz parte de um senso comum que se opõe à atitude filosófica que busca uma verdadeira felicidade.

Não é difícil entender por quê. Na sociedade capitalista, o modo de produção de mercadorias é realimentado todo o tempo pela reposição de novos produtos no mercado; isso torna as mercadorias já existentes obsoletas, sem sabor e fora de moda. Um celular adquirido hoje tende a se tornar velho e descartável em nove meses. E caso não o saibamos, a publicidade se encarregará de nos avisar pela televisão, pela internet ou pelos *outdoors*. O mesmo ocorre com roupas, televisores, computadores, etc. É necessário produzir sempre e cada vez mais novas mercadorias. E, claro, é necessário consumi-las. Se não for assim, o sistema de produção e consumo não se mantém em pé.

O problema é que, em um modo de vida como esse, as alegrias se tornam tão efêmeras quanto as mercadorias que as proporcionam. São alegrias com data de validade. Mas um belo dia a pessoa se dá conta de que esse modo de vida é, no mínimo, sem graça. Ela percebe então a vanidade desse tipo de vida. E é nesse momento que a questão da felicidade se coloca. Perguntas emergem em meio à desilusão, ao desencanto e ao tédio: será possível uma felicidade real e consistente? Será possível um modo de vida em que a alegria não seja algo frágil e passageiro, mas sólido e duradouro?

Muitos filósofos tiveram de responder a perguntas como essas, sempre que o assunto era a felicidade. E, é bom que se diga, se eles chegaram a colocar tais questões, se procuraram respondê-las, se, enfim, buscaram uma "verdadeira felicidade", não é porque eles eram superiores a nós, mas porque a experiência de suas vidas – experiência de alegrias e tristezas como a de todos nós – acabou os levando a tratar seriamente o tema da felicidade.

Uma das principais conclusões a que os filósofos logo chegaram quando pensaram a felicidade é algo que nossa própria experiência atual pode confirmar. Pensemos um pouco. Se na sociedade do hiperconsumo há tristeza, tédio e depressão, mesmo quando podemos consumir quase tudo o que ela nos oferece, é porque as próprias coisas oferecidas não podem, por si mesmas, cumprir as promessas de felicidade. De fato, elas estão condenadas a perecer, de antemão; elas são descartáveis e, portanto, passageiras. Além disso, nunca há a garantia de que poderemos possuir tudo ou quase tudo; também não há garantias de que aquilo que possuímos ficará sempre em nossa posse: o que eu tenho hoje posso perder amanhã. Assim, o que os filósofos rapidamente perceberam é que a felicidade não poderia estar em coisas desse tipo, isto é, coisas que são por natureza perecíveis e incertas.

E frisemos: nesse contexto, não são apenas as mercadorias que são perecíveis; são também certas coisas imateriais, como a honra, o poder ou uma paixão. Mais que isso: nós mesmos somos perecíveis, isto é, morremos. Portanto, não foi só a experiência do caráter perecível das coisas materiais, bastante visível no sistema capitalista, mas também a experiência da morte que levou sábios e filósofos a se perguntarem pela felicidade.

E foi assim que muitos deles se questionaram: se a felicidade não está aí, onde ela está? Se todas essas coisas não podem trazer felicidade, haverá algo que possa proporcionar uma felicidade de fato? É à busca desse "algo" que vários filósofos dedicaram seu pensamento ou parte de suas reflexões sobre a felicidade. Com base em experiências de vida, eles logo deduziram que a felicidade, não podendo vir do que é perecível e incerto, deve se encontrar em algo que seja mais duradouro. A pergunta pela felicidade é, portanto, a pergunta pela possibilidade desse algo. Primeiro: ele existe? Segundo: pode ser conhecido, alcançado, adquirido e usufruído? Terceiro: pode ser adquirido e usufruído *por todos*?

O que nós vamos ver nos próximos capítulos são as diferentes respostas dadas por distintos filósofos acerca dessas indagações. Veremos que, da Antiguidade aos dias de hoje, o problema da felicidade foi sempre um tema importante para a filosofia e, portanto, para nossas próprias vidas.

A pergunta pela felicidade é tão antiga quanto a própria filosofia. Desde os primórdios do pensamento filosófico, iniciado com os gregos cerca de 700 anos antes de Cristo, o problema da felicidade aparece como uma importante questão a ser solucionada.

Os motivos, contudo, que hoje nos levam a perguntar pela felicidade são diferentes daqueles que levaram os filósofos de outros tempos a colocar as mesmas questões. Por isso precisamos compreender, em linhas gerais, o que eram as filosofias antiga, helenista, medieval, moderna e contemporânea, para entender o sentido (filosófico, ético, existencial, político...) que a felicidade recebeu em diferentes correntes filosóficas de pensamento.

CAPÍTULO 1
A FELICIDADE ENTRE OS FILÓSOFOS DA ANTIGUIDADE

Origens

Os antigos filósofos gregos costumavam exaltar o legado de sábios, ainda mais antigos, que teriam vivido no Oriente (Egito, Assíria, Babilônia, Pérsia, etc.). Um desses filósofos era Aristóteles, para quem a filosofia teria nascido no Oriente, e não na Grécia. Havia pelo menos um motivo para se acreditar nessa tese: teria ocorrido no Oriente a chamada Idade de Ouro da humanidade, tempo em que reinava plena harmonia e felicidade entre os homens, que seriam, então, dotados não só de imortalidade, mas também de pleno conhecimento e sabedoria. Localizava-se no Oriente, portanto, o nascimento da filosofia.

Quase 500 anos depois, no século III de nossa era, um filósofo chamado Diógenes Laércio irá discordar de Aristóteles, bem como desse mito do nascimento da filosofia. Conhece-se muito pouco sobre Diógenes Laércio; quase nada, além de seu nome, o período em que viveu e a obra que escreveu – *Vidas e opiniões dos filósofos ilustres*, na qual expõe as opiniões de vários filósofos sobre diversos assuntos filosóficos. Mas sua própria opinião sobre as origens da filosofia na Grécia Antiga ficou bastante conhecida: para ele, foram os gregos, sem dúvida, que inventaram a filosofia, porque foram eles que deram origem a toda a humanidade! (Laércio, 2011, p. 38).

Diógenes Laércio era um pouco exagerado. Mas com isso o que ele pretendia era refutar de vez a tese de que a filosofia teria nascido no Oriente, como pensavam Aristóteles e outros. Pouco importava que os gregos tivessem recebido influências das tradições mítico-religiosas e dos conhecimentos nascentes do Oriente, como o próprio Aristóteles já reconhecia. O mais importante, acreditava Laércio, era que, tendo dado origem a *todos* os homens, os gregos, logicamente, teriam dado origem à própria filosofia. No entanto, para expor sua opinião, Diógenes Laércio se baseava em teogonias e cosmogonias da época, isto é, em relatos míticos sobre as origens do mundo e dos homens a partir de figuras divinas criadoras. Dessa maneira, ele combate um mito com outro, isto é, não sai da esfera mítico-religiosa. Agindo assim, não nos deixa ver a originalidade do pensamento que emerge com os antigos pensadores gregos.

A que originalidade estamos nos referindo? É que os gregos serão os primeiros a tratar das mesmas questões presentes nas tradições de pensamento mítico-religioso, mas de outra maneira. Eles perguntarão qual a origem do mundo e dos homens; qual a melhor maneira de viver; o que a alma humana pode conhecer e como o pode; o que se deve e o que não se deve fazer. São questões de ordem metafísica, epistemológica e ética que estavam já presentes nos mitos e nas religiões. No entanto, cada uma delas será tratada de maneira diferente pelos distintos filósofos da Antiguidade grega. As respostas não serão aceitas dogmaticamente por serem parte da tradição ou da revelação religiosa: serão investigadas, e a investigação será guiada pela busca de princípios originários e racionais, isto é, das causas ou fundamentos racionais de toda a realidade.

Os filósofos pré-socráticos – que vieram antes do grande Sócrates – são um bom exemplo dessa mudança de exercício do pensamento. Com eles surge a pergunta fundamental: *o que é o mundo?* No lugar da cosmogonia, surge uma *cosmologia*. Eles são, portanto, *cosmólogos*, veem o mundo, o *kósmos*, como dotado de racionalidade, já que nele há um *princípio causal* que é preciso encontrar para, então, explicar a origem e a ordem do mundo. Com eles, o *mýthos* começa a dar lugar ao *lógos*. Foi assim que nasceu a filosofia.

Tales de Mileto, por exemplo, dirá que o princípio racional gerador é a água. Para nós, hoje, isso pode parecer estranho, mas o mais importante é destacar que, agindo assim, o filósofo estava substituindo o mito do deus criador Oceano por um princípio natural e inteligível, engendrador do cosmos: a água. O mesmo vale para o ar em Anaxímenes, o fogo em Heráclito, o número ou o Um nos pitagóricos. Outros filósofos irão ainda mais longe, ao afirmarem que o princípio causal do mundo não estaria nos elementos naturais (água, fogo, ar, terra) ou nas representações matemáticas como os números, mas em algo ainda mais abstrato. Anaxágoras, por exemplo, afirmava que o *noûs* – pensamento, intelecto, reflexão – era o princípio de todas as coisas. Já Anaximandro defendia que o princípio de tudo era o ilimitado, elemento anterior a todas as coisas finitas, portadoras de qualidades visíveis e sensíveis. Esses e outros exemplos sinalizam a preocupação dos filósofos da Antiguidade com a busca por *princípios racionais* do mundo. Algo, portanto, que só é apreensível pelo pensamento; e, no que diz respeito à origem da filosofia, é isso o que importa.

> **A originalidade do pensamento grego é a própria *racionalidade*; é o uso da razão, o emprego do pensamento humano na apreensão da natureza das coisas, dos fenômenos e de suas causas.**

A felicidade, nesse contexto, não será mais buscada em alguma Idade de Ouro, em algum tempo ou lugar mítico, como o passado oriental ou o mundo celestial, em que nada perecia. Em vez disso, os filósofos da Antiguidade fazem uso da potência do intelecto e da razão para indagar: o que é a felicidade?

Se no centro do pensamento pré-socrático estava uma preocupação com a natureza e o cosmos, se nele havia todo um esforço dos filósofos para encontrar o princípio racional do mundo, pensado a partir de certos elementos naturais (o ar, o fogo, a água, a terra), com Sócrates (469-399 a.C.) se inaugura uma nova era: a filosofia toma novos rumos. O homem na cidade – o cidadão da pólis – e o sábio virtuoso passam a ocupar o centro da reflexão filosófica.

Isso se deve certamente às mudanças políticas ocorridas na Grécia entre os séculos V e IV a.C. Nesse período, Atenas passa a ter um papel de destaque na região, influenciando as outras cidades gregas, em termos não só políticos e culturais, mas também econômicos e militares. No que se refere à política, esse período de prosperidade é acompanhado de um acontecimento dos mais importantes: a invenção da democracia.

A democracia, na Grécia Antiga, representa um momento político no qual os cidadãos podem participar das principais decisões da vida da cidade, a pólis. Essa transformação ocorreu sobretudo na cidade de Atenas. É o momento em que o *povo* se faz representar no poder. Vale ressaltar, no entanto, que a cidadania grega não incluía as mulheres, os escravos e os estrangeiros. Apenas os homens eram considerados cidadãos politicamente ativos. Somente eles podiam participar das decisões da cidade.

Figura 2. A era de Péricles, de Philipp von Foltz, 1853

Nos séculos V e IV a.C., a pólis grega alcança um grande desenvolvimento político, cultural, econômico e militar. É o período do florescimento da democracia. Atenas se torna a cidade mais importante da região da Grécia Continental. Consequentemente, desenvolvem-se as atividades intelectuais, especialmente a filosofia. Na imagem, Péricles, talvez o maior líder civil e militar dos gregos, faz um discurso fúnebre na ágora, local público de debates políticos.

À invenção da democracia somava-se o florescimento urbano e cultural de Atenas, com o desenvolvimento da arquitetura, das artes (sobretudo a escultura), das ciências (principalmente matemáticas) e da filosofia. A influência de Atenas sobre as outras cidades, no entanto, não se deveu apenas a suas transformações políticas e culturais, mas também a seu poderio militar. Muitos historiadores ressaltaram a "superioridade" política (o governo democrático) e cultural (artes, ciências e filosofia) de Atenas no período, quando trataram de explicar a influência e o domínio atenienses sobre as outras cidades da Hélade. O poder militar de Atenas, contudo, não pode ser desprezado nesse processo. A helenista Nicole Loraux, em *Invenção de Atenas*, mostra que, na verdade, a ideia de superioridade cultural e política estava muito presente nos discursos fúnebres da época e representava uma visão aristocrática tanto da democracia ateniense quanto da própria cidade de Atenas. Vamos nos deter um pouco sobre esse ponto.

Os discursos fúnebres do período de ouro ateniense (século IV a.C.) eram proferidos em geral por oficiais militares, nas ocasiões de cerimônia de enterro dos soldados mortos em combate. Segundo Loraux, esses discursos representavam Atenas como a bela cidade, una e superior a todas as outras, e por isso mesmo destinada de direito a dominar toda a Hélade, já que, diziam os discursos, Atenas deve cumprir "seu dever 'pela salvação da Grécia inteira', com vistas a um futuro melhor" (LORAUX, 1994, p. 109). Com isso, os discursos visavam incitar os cidadãos a lutarem na guerra e a morrerem por Atenas, se fosse o caso – é a ideia de "bela morte" (LORAUX, 1994, p. 109).

Ainda segundo Loraux, os discursos fúnebres oficiais funcionavam como a ideologia aristocrática ateniense, cujo efeito sobre os ouvintes era passar a imagem de uma Atenas democrática, unida, harmoniosa, superior, imbuída da missão de "salvar" toda a Grécia, livrando-a da tirania bárbara dos estrangeiros, os *xenói*, e levando às outras cidades sua bela constituição democrática, que só os atenienses possuíam. Os discursos oficiais, incitando assim os cidadãos a participarem dos combates e darem sua vida por Atenas no processo de conquista das outras cidades, acabavam por denegar a real relação de força que havia entre Atenas e as outras pólis: é nisso que eles eram ideológicos (LORAUX, 1994, p. 342-351).

Não é por acaso que o auge do período democrático (440-401 a.C.), conhecido como "século de Péricles", coincide mais ou menos com o período da Guerra do Peloponeso (430-401 a.C.). O historiador grego Tucídides, que viveu nesse período, reproduziu, em sua *História da Guerra do Peloponeso*, o famoso "Discurso fúnebre" de Péricles, através do qual o grande líder político e militar conseguiu convencer os cidadãos de que Atenas devia empreender a guerra contra os peloponésios, liderados pela cidade de Esparta. Os peloponésios ganharão a guerra, mas Atenas continuará exercendo seu poder sobre as outras cidades da Hélade. A conclusão é que o domínio ateniense na Grécia dos séculos V e IV a.C. não se fez sem o uso da força militar.

É nesse contexto de ascensão política, cultural, econômica e militar de Atenas, bem como de seu domínio sobre outras cidades-Estado gregas, que se destacam assuntos ligados às relações do homem consigo mesmo (existência), dos homens entre si (ética) e dos homens com a cidade (política). Assim, ganha importância a discussão de temas como a ética e a política – e é no campo da ética que se coloca o problema da felicidade. Nessa medida, pode-se dizer que o tema da felicidade na Grécia da Antiguidade Clássica é uma questão de ordem filosófica, existencial, ética e política.

A felicidade entre os pré-socráticos (séculos VI a IV a.C.)

O que pensavam os filósofos pré-socráticos sobre a felicidade? Dos pré-socráticos sabemos muito pouco, e o que chegou até nossos dias foram alguns poucos textos incompletos ou, na maioria dos casos, fragmentos, frases soltas e incompletas; ou então algumas ideias transmitidas por outros filósofos. Mesmo assim, é possível saber o que alguns pré-socráticos pensavam sobre felicidade. Vejamos como pensava Heráclito.

Entre os fragmentos heraclitianos que sobreviveram ao tempo e chegaram até nós, há este, muito famoso: "Se a felicidade estivesse nos deleites do corpo, diríamos felizes os bois quando encontram ervilhaca para comer" (HERÁCLITO, 2012, p. 165). Mas por que a felicidade não poderia estar nos prazeres do corpo? Para Heráclito, não é certamente por um problema moral. Isso se deve ao modo como ele entendia o funcionamento da realidade do cosmos e do homem. Para Heráclito, nada é permanente, tudo é transformação. É dele a famosa frase segundo a qual ninguém pode entrar duas vezes no mesmo rio: o rio passa e corre para o mar, transforma-se, deixando o tempo todo de ser o mesmo. Também nós nos transformamos: como era diferente nosso corpo quando éramos crianças e como será diferente quando envelhecermos! Mas se tudo muda incessantemente, se nada permanece, também os prazeres passam, mudam, deixam de ser o que são, e já não podemos conservá-los entre as mãos. Como a felicidade poderia estar neles? Se estivesse, como poderia durar?

Figura 3. *A escola de Atenas* (detalhe), de Rafael Sanzio, 1510. Museu do Vaticano

Heráclito de Éfeso (aproximadamente 540-470 a.C.). Nasceu em uma cidade da Jônia chamada Éfeso. Segundo os historiadores, era de família aristocrática, alheio à política e misantropo. Seus escritos, assim como sua própria pessoa, foram considerados obscuros. Ele dizia que a "natureza ama esconder-se".

Nenhuma felicidade seria possível, então, na visão de Heráclito? Talvez. Mas será que a transitoriedade do mundo impediria de pensar alguma felicidade possível? Para Heráclito, a morte da terra faz viver o fogo; a morte do fogo faz viver o ar; a morte do ar faz viver a água; a morte da água faz viver a terra; e o ciclo recomeça, eternamente. A vida, o cosmos, é essa luta entre elementos contrários que dão origem um ao outro. Mas da luta entre os contrários nasce uma harmonia, que mantém o todo: caso contrário, tudo seria caos e se dissolveria.

> Heráclito afirmava: "O contrário é convergente e dos divergentes, a mais bela harmonia" (HERÁCLITO, 2012, p. 129). Ou, como escreveu Aristóteles mais tarde, citando a opinião de Heráclito: "'Os contrários andam juntos', 'A mais bela harmonia é feita de tons diferentes' e 'Tudo nasce do antagonismo'" (ARISTÓTELES, 2001, p. 154).

Na visão heraclitiana do mundo, portanto, nossa experiência mostra a transformação incessante, a mudança, a impermanência. Mas também somos capazes de apreender a harmonia do cosmos. De que forma? Pelo pensamento, que, segundo ele, é comum a todos. É por essa via que o homem apreende o *lógos* do cosmos, algo que poderíamos chamar de "a lógica do universo". Isso significa que o cosmos de Heráclito não é caótico. É verdade que tudo se transforma, mas não de qualquer jeito: o corpo humano perece e se modifica, mas não se transforma em outra coisa; um rio se transforma em mar, mas não em uma cadeira.

> É devido ao *lógos* que o homem pode pensar "sensatamente", conhecer o mundo como ele é: em sua transitoriedade e sua transformação permanentes, embora segundo a *lógica das transformações*. Para Heráclito, esse conhecimento proporcionava uma virtude máxima: permitia ao homem agir sensatamente.

O homem que assim age se harmoniza com o todo: pelo pensamento, segundo Heráclito, ele "escuta" o *lógos* e o segue.

Não estaria aí uma felicidade possível, em uma visão heraclitiana do mundo e da vida? Os textos conhecidos de Heráclito não afirmam com todas as letras essa nossa conclusão. É difícil saber se o próprio filósofo teria chegado ou não a ela, dado que os textos que dele conhecemos são muito escassos. Tendo em vista o valor que os filósofos gregos antigos atribuíam ao pensamento e à filosofia, tal conclusão nos parece legítima, ainda que alguns historiadores da filosofia reportem Heráclito como melancólico e obscuro.

Do conhecimento nasce a virtude, e da virtude, a felicidade: em geral, era assim que os filósofos gregos pensavam. Demócrito de Abdera, outro pré-socrático, não pensava diferente. Em um dos fragmentos conservados, ele afirma: "Quem escolhe os bens da alma, escolhe os divinos; quem escolhe os do corpo, escolhe os humanos" (DEMÓCRITO, 1996, p. 274). Mas entre bens divinos e humanos, entre bens da alma e do corpo, quais escolher, se ambos são "bens"?

Figura 4. O jovem Rembrandt como Demócrito, o filósofo que ri (autorretrato), Rembrandt, 1629

Demócrito de Abdera (460-370 a.C.). Considerado o pai do atomismo, acreditava que o universo é infinito, constituído de infinitas partículas indivisíveis, eternas e imutáveis, a partir das quais tudo é feito.

Ao contrário das iconografias que retratam Heráclito como obscuro e melancólico, as imagens de Demócrito, como esta, costumam retratá-lo como um filósofo alegre e bem-humorado. Os humanistas do Renascimento o chamavam de "O filósofo que ri".

Em outro fragmento, Demócrito (1996, p. 274) responde: "Não é pelo corpo nem pela riqueza que os homens são felizes, mas pela retidão e muita sabedoria".

Retidão: agir corretamente, virtude. Sabedoria: conhecer a si e o mundo. As duas coisas são inseparáveis e juntas constituem a felicidade. Por quê? Porque a "causa do erro", afirma Demócrito, "é a ignorância do melhor" (DEMÓCRITO, 1996, p. 278). Portanto, o conhecimento é sabedoria, porque esta nos faz conhecer o melhor; o conhecimento do melhor é virtude, porque faz evitar o erro. E não errando, o homem é feliz. Para Demócrito, é mais infeliz quem comete injustiças que quem sofre alguma injustiça.

A felicidade, então, está nos bens da alma, segundo Demócrito. São eles que nos aproximam do divino. O que são bens da alma? São não só as ideias verdadeiras, os conhecimentos, mas também a contemplação do belo, o amor à justiça, à amizade, às leis da cidade. Na sequência, Demócrito afirma: "A felicidade é a alma e a infelicidade também" (DEMÓCRITO, 1996, p. 287). Isso não contradiz o que acabamos de dizer? Para entender esse fragmento, precisamos compreender a física de Demócrito.

Ele era um *atomista*. Acreditava que o universo era constituído de um número infinito de corpos indivisíveis (em grego, indivisível se diz *átomo*). Esses corpos, invisíveis aos nossos olhos, eram incriados (isto é, não foram criados por algo, passando a existir a partir de certo momento) e não podiam ser destruídos: eram eternos e imutáveis. Dessa forma, as coisas nascem quando uma parte desses átomos se agrega e forma um indivíduo; elas morrem quando o agregado se desfaz, para formar outros corpos. Nesse movimento eterno de criação e corrupção, de geração e desagregação, de nascimento e morte, não havia, para Demócrito, nada de mau ou bom em si mesmo. Os homens, porém, costumam chamar de mau o que desagrega, porque a desagregação dos corpos (as doenças, os acidentes, por exemplo) faz sofrer e morrer. Mas quem de fato faz isso? Não são os próprios átomos; estes apenas se movimentam, se combinam e se recombinam, formando os agregados, os corpos, os indivíduos. A responsável, portanto, só pode ser a alma. Por quê?

O motivo é que é na alma que se encontra o amor excessivo, o desejo excessivo e a desmedida. Comer demais desarmoniza a relação entre os órgãos do corpo e pode causar náusea ou dor; dirigir em alta velocidade em uma avenida aumenta muito a probabilidade de acidente e, portanto, de desagregação ou morte do corpo.

Mas o responsável pelas duas ações, para Demócrito, não é o corpo, e sim um desejo excessivo na alma. Por isso, ele afirma: "Para os homens o bom ânimo vem a existir com a moderação de alegria e comedimento da vida"; e continua: "As coisas que faltam e as que sobram costumam sofrer mudanças e produzir na alma grandes comoções" (DEMÓCRITO, 1996, p. 290).

> O que alcança, realiza e mantém essa moderação é a alma, e é por isso que nela está a felicidade. Pela alma somos felizes quando somos conhecedores do melhor, moderados, comedidos, justos; por ela somos infelizes quando somos ignorantes, desmedidos, injustos.

É importante notar que a ideia de felicidade de Demócrito não exclui a noção de prazer. Em um fragmento, ele afirma: "O comedimento multiplica as alegrias e faz maior o prazer" (DEMÓCRITO, 1996, p. 292). Portanto, ele era a favor do prazer, mesmo os prazeres do corpo, que, se guiados pelo conhecimento e pela sabedoria, seriam moderados, ou seja, não excessivos. Por isso Demócrito sustentava: "A vida sem festas é um longo caminho sem hospedaria" (DEMÓCRITO, 1996, p. 294).

Heráclito e Demócrito são apenas dois exemplos do pensamento grego inicial sobre a felicidade. Haveria muitos outros a comentar, como Tales e Anaximandro de Mileto, Pitágoras e Parmênides. O importante é que já nesses dois pré-socráticos encontramos os temas que aparecerão no pensamento grego maduro, a partir de Sócrates, assim como no helenismo greco-romano, como veremos. Esses temas são:

1) a ideia de que a felicidade se encontra na alma, e portanto no exercício do pensamento;

2) certa oposição entre corpo e alma;
3) a noção de que do conhecimento e da sabedoria deriva a virtude;
4) a ideia de que a felicidade nasce da virtude, entendida como moderação das paixões;
5) a afirmação do caráter cívico da felicidade, pois ela é inseparável da noção de justiça, que, por sua vez, é produto da virtude e da sabedoria.

Sabedoria, virtude e felicidade (Sócrates, Platão, Aristóteles)

Como foi mostrado anteriormente, no centro do pensamento pré-socrático estava a preocupação com a natureza e o cosmos; daí o esforço dos filósofos em encontrar o princípio racional do mundo, pensado a partir de certos elementos naturais (o ar, o fogo, a água, a terra).

A partir de Sócrates (469-399 a.C.), a filosofia tomou novos rumos. O homem na cidade – o cidadão – e o sábio virtuoso passaram a ocupar o centro da reflexão filosófica. Isso se deve certamente às mudanças políticas ocorridas na Grécia entre os séculos V e IV a.C., quando Atenas passa a ter um papel de destaque na região, com o aumento de seu poder econômico e militar. Mas esse período de prosperidade é acompanhado de um acontecimento político ainda mais importante: a invenção da democracia. É nesse contexto que ganha importância a discussão de temas como a ética e a política. E é no campo da ética que se coloca o problema da felicidade.

Sócrates, que filosofava nas ruas e praças com quem estivesse disposto a filosofar, nunca escreveu nada. Foram os diálogos escritos por Platão que nos legaram o pensamento socrático. Neles, Sócrates é sempre o interlocutor principal. Uma das características do pensamento socrático é seu caráter *aporético*. Isto é, os diálogos socráticos nunca chegam a uma solução, a uma definição do objeto estudado, desembocando, pois, em uma aporia. Já com Platão é o inverso: seus diálogos são sempre conclusivos.

Sócrates, que tratou de vários assuntos ligados às virtudes humanas e aos valores da cidade – como a amizade, o amor, a coragem, a beleza, a ação política, entre outros –, não poderia deixar de tratar também da felicidade. Mas o que teria ele a nos ensinar sobre a felicidade, se ele dizia: "Sei que nada sei"? O que poderia ele nos ensinar, se seus diálogos terminavam sempre em aporia, isto é, sem uma resposta conclusiva e definitiva?

Sócrates foi de fato o primeiro filósofo a mostrar que a filosofia deve antes levar os homens a perguntar, a colocar questões, mais que encontrar respostas certas e definitivas. O que sabe ele então da felicidade?

"Sei que nada sei" é a resposta. A sabedoria de Sócrates estava justamente no reconhecimento de que ele nada sabia. Ao afirmar "Sei que nada sei", Sócrates se faz sábio entre os "sábios". Ele é um *filósofo* por excelência, o "maior de todos", dirá mais tarde seu discípulo Platão, pois exerce a filosofia no sentido pleno da palavra (*philo-sophía*), que significa "amizade" ou "amor" (*philia*) pela "sabedoria" (*sophia*): mais que um sábio que tudo sabe, ele é antes o amigo que ama a sabedoria. Por isso, ele a busca sempre, perguntando, mais que respondendo, e levando os outros a perguntarem, mais que lhes oferecendo respostas prontas.

O sábio, então, é aquele que assume sua ignorância e sai em busca de conhecimento. Mas que tipo de conhecimento? Segundo Platão, Sócrates foi profundamente afetado pela frase "Conhece-te a ti mesmo", inscrita no Templo de Apolo em Delfos. Admissão da própria ignorância ("Sei que nada sei") e busca do autoconhecimento são, portanto, as duas características centrais da sabedoria socrática.

No diálogo *Cármides*, Sócrates pergunta a si mesmo e incita seus interlocutores a perguntarem: *o que é a sabedoria?* Como em vários outros, ao final desse diálogo Sócrates confessa não ter chegado a uma resposta definitiva para o assunto. No entanto, o filósofo faz uma afirmação importante: o que quer que seja a sabedoria, aquele que a possui é "favorecido pelos deuses", ou seja, é feliz. Cármides, o interlocutor de Sócrates nesse diálogo, parece ser justamente alguém "favorecido pelos deuses": é jovem, abastado e de família ilustre; ademais, ele é notável não só por sua beleza, mas também por suas disposições à filosofia e à poesia (PLATÃO, 1949, p. 54-55). Ao final do diálogo, Sócrates se dirige a Cármides com estas palavras: "Nesse caso, o conselho que eu te dou é de me considerar como um tolo, incapaz de encontrar algo pelo raciocínio, e de te estimares a si mesmo tanto mais feliz quanto mais tu és sábio" (PLATÃO, 1949, p. 81).

Se Sócrates não chega a uma definição de sabedoria, ele estabelece sua íntima ligação com a felicidade. Somos tanto mais felizes quanto mais sábios – e não quanto mais jovens, ricos ou ilustres. Quando o conhecimento que alguém tem lhe permite se conduzir bem na vida, esse alguém pode ser considerado um sábio, afinal, sua sabedoria permite agir bem, ser virtuoso. A virtude conduz à felicidade, porque leva à prática do bem a si mesmo e ao bem da cidade. O bem da cidade clássica era o respeito às leis, e a contribuição para a elaboração das boas leis era a atitude cidadã por excelência. O sábio é, portanto, feliz, porque faz bem a si (virtude humana, sabedoria) e aos outros (virtude cívica, cidadania).

Essa relação entre sabedoria, virtude e felicidade aparece também no pensamento de Platão (428/427-348/347 a.C.), que foi o maior discípulo de Sócrates. No diálogo *Górgias*, sobre a retórica, Platão afirma: "os felizes são felizes pela posse da justiça e da temperança, como os miseráveis são miseráveis pela presença do vício" (PLATÃO, 2002, p. 219). Portanto, quem é moderado nos prazeres, nos desejos, e faz o bem, para si e para a cidade, é feliz. Mas a condição do agir bem e da moderação, para Platão, é o conhecimento. Logo, o conhecimento leva à sabedoria; a sabedoria, à virtude; e a virtude, por fim, concretiza uma vida feliz.

Platão foi além de Sócrates. Elaborou uma teoria própria, pela qual explicava vários assuntos, como a origem do mundo e dos homens, o conhecimento e a ética. Trata-se da *teoria das Ideias ou das Formas ideais*, segundo a qual nosso mundo visível e sensível é uma cópia do "mundo das Ideias", onde estariam os modelos reais e ideais de todas as coisas. Esse mundo inteligível, mundo das Formas ideais, era, para Platão, o mundo real ao qual todo filósofo tem acesso através do pensamento. O nosso mundo, o mundo sensível, era apenas um simulacro, uma cópia imperfeita do mundo perfeito das Ideias.

Para explicar essa ideia, Platão constrói a "Alegoria da caverna", descrita no início do Livro VII da *República*. O filósofo imagina uma caverna, dentro da qual vivem, desde pequenos, homens que estão acorrentados pelas pernas e pelo pescoço. Estão encostados em um muro e voltados para o fundo da caverna. Por estarem acorrentados, não podem virar a cabeça para traz ou para os lados. Atrás desse muro há uma pequena colina, mais próxima da saída da caverna, sobre a qual há uma fogueira. Entre "o fogo e os prisioneiros", escreve Platão, existe "uma estrada ascendente", pela qual passam pessoas levando "estatuetas de homens e animais, de pedra, madeira e toda espécie de matéria". As sombras dessas estatuetas são projetadas ao fundo da caverna, e os prisioneiros acreditam que elas são coisas reais (PLATÃO, 1997, p. 225).

Para Platão, essa alegoria representa o "estado da nossa natureza relativamente à instrução e à ignorância" (PLATÃO, 1997, p. 225). É como se vivêssemos em uma caverna, em um mundo obscuro em que os sentidos – visão, audição, tato, etc. – nos revelam imagens de coisas que tomamos por reais, mas que são apenas sombras ou, como diz Platão, simulacros. A vida no interior da caverna representa o que Platão chama de "mundo sensível", um mundo no qual somos prisioneiros de nossos sentidos e, por isso mesmo, não temos acesso à essência e à verdade das coisas reais. A vida fora da caverna, um mundo de luz e clareza, representa o "mundo inteligível", mundo das essências reais e da verdade, mundo das Ideias verdadeiras, do qual o mundo em que vivemos não passa de uma cópia imperfeita.

Quando um dos prisioneiros consegue se libertar das correntes que aprisionam seu ser, volta-se para saída da caverna e encontra a luz, que representa o conhecimento verdadeiro. Nesse momento, torna-se filósofo. Para Platão, o sábio é quem rompe os grilhões dos

Figura 5. A moderna Academia de Atenas

Platão, principal discípulo de Sócrates, nasceu em Atenas, em 428 ou 427 a.C. Fundou sua própria escola, situada próximo a um parque dedicado ao herói Academos, donde o nome de sua escola, Academia.

sentidos e acessa o "mundo inteligível". Através do pensamento, ele dirige seu olhar para fora da "caverna", mundo sensível das sombras, onde estão todos os homens, e atinge o mundo das Ideias, que, para Platão, é um mundo perfeito e, portanto, do Belo em si mesmo.

 A teoria de Platão separa mundo sensível e mundo inteligível. Com isso, ela separa corpo e alma. Qual o problema dessas cisões, desses dualismos, quando se trata de pensar, por exemplo, a felicidade? O problema é que ser sábio, virtuoso e, consequentemente, feliz exige uma sobrevalorização da alma e do conhecimento em detrimento dos prazeres e das alegrias do corpo. Para Platão, o corpo é um obstáculo no caminho do conhecimento verdadeiro. Em *Fédon*, diálogo que trata da imortalidade da alma, ele escreve: "O corpo de tal modo nos inunda de amores, paixões, temores, imaginações de toda sorte, enfim, uma infinidade de bagatelas, que por seu intermédio [...] não recebemos na verdade nenhum pensamento sensato; não, nenhuma vez sequer!" (PLATÃO, 1991, p. 67-68).

Sendo o corpo o lugar dos prazeres e das paixões, dos temores e das imaginações, ele é visto como grande obstáculo ao conhecimento verdadeiro. Platão deduzirá que apenas seu total abandono pode levar à completa sabedoria:

> [...] se alguma vez quisermos conhecer puramente os seres em si, ser-nos-á necessário separar-nos dele e encarar por intermédio da alma em si mesma os entes em si mesmos. Só então é que, segundo me parece, nos há de pertencer aquilo de que nos declaramos amantes: a sabedoria. Sim, *quando estivermos mortos*, tal como indica o argumento, *e não durante nossa vida!* (PLATÃO, 1972, p. 74, grifo nosso).

Eis a conclusão a que chega Platão, por força de seus argumentos. Uma vez que o corpo e o mundo sensível são obstáculos ao conhecimento, só podemos penetrar o mundo inteligível das Ideias, o real verdadeiro, quando nos purificamos do corpo, quando os sentidos estão amortecidos completamente, ou seja, quando o corpo morre. Dessa maneira, somente após a morte, quando a mente enfim está liberta do corpo, o homem pode realmente contemplar o mundo das Ideias e atingir a verdadeira sabedoria.

Em Platão, se o sábio é aquele que, neste mundo, pode viver bem, porque age com temperança e justiça, e portanto goza de uma felicidade; a *plena* felicidade só pode ser alcançada após a morte, quando a alma se separa do corpo, que a impedia de concretizar a plena sabedoria nascida da contemplação das Ideias.

Esse dualismo e essa oposição entre corpo e alma decorrem, como vimos, da cisão e da oposição entre mundo sensível e mundo inteligível. Precisamente tal dualismo será criticado por Aristóteles (384/383-322 a.C.), principal discípulo de Platão.

Aristóteles não aceitou a tese de seu mestre. Para Aristóteles, a teoria platônica das Formas não explica o mundo sensível, já que toda coerência e racionalidade ficaram circunscritas ao mundo das Ideias. O Bem, por exemplo, para o qual todas as coisas tendem, permanecia no mundo ideal, no caso de Platão, como algo puro e inefável diante do qual os bens humanos eram malvistos. Mas é no mundo dos homens, e para os homens, que é preciso explicar a essência do Bem, segundo Aristóteles.

Aristóteles nasceu em 384 ou 383 a.C., em Estagira, uma colônia grega situada, na época, na região da Macedônia, e que atualmente pertence à Grécia. Aos 18 anos viajou para Atenas para estudar na Academia de Platão. Quando tinha mais ou menos 40 anos, foi convidado pelo rei Felipe da Macedônia para cuidar da educação de seu filho, Alexandre, que mais tarde se tornaria Alexandre Magno ("o Grande"), líder de um dos maiores impérios da Antiguidade Clássica. Na volta a Atenas, em cerca de 335 a.C., fundou o Liceu, escola assim chamada porque se situava próximo a um pequeno templo dedicado a Apolo Lício. Contudo, por ter sido professor de Alexandre, Aristóteles foi acusado de traição pelos atenienses e teve de se exilar na cidade de Cálcis, onde morreu, em 322 a.C. Na imagem, busto de Aristóteles.

Figura 6. Busto de Aristóteles em mármore, encontrado em 2006 pelo arqueólogo Alkistis Horemi

De certa forma, Aristóteles recupera o humanismo de Sócrates, trazendo a reflexão filosófica para o mundo real dos homens. Na *Ética a Nicômaco*, por exemplo, Aristóteles afirma que "toda ação e todo propósito visam a algum bem; por isso foi dito acertadamente que o bem é aquilo a que todas as coisas visam" (ARISTÓTELES, 2001, p. 17). Mas qual é o *bem* especificamente humano? A felicidade, muitos dirão. Mas então, argumenta Aristóteles, é preciso saber o que é a felicidade...

Os homens consideram a felicidade como o bem supremo, afirma Aristóteles, mas nem todos concordam sobre o que seja a felicidade. "A maioria", escreve o filósofo, "pensa que se trata de algo simples e óbvio, como o prazer, a riqueza ou as honrarias" (ARISTÓTELES, 2001, p. 19). Se não está no prazer, na riqueza e nas honrarias, onde está a felicidade? Para Aristóteles, como para muitos outros pensadores, o que é específico do humano é a razão; logo, o *bem* do homem se define pela *virtude teórica*. No Livro X da *Ética a Nicômaco*, Aristóteles afirma que a *eudaimonía* (em grego, "felicidade") é não só "uma atividade conforme à excelência", mas também uma "atividade conforme à mais alta excelência"; e a "mais alta excelência" é aquela que se refere à "parte mais nobre de nós mesmos", a saber, a razão teórica (ARISTÓTELES, 2001, p. 201).

Quando fala em excelência (*areté*, em grego), Aristóteles se refere à virtude, que pode ser virtude ética ou intelectual. A virtude ética diz respeito a um agir bem, pelo qual se é capaz de escolher o "justo meio". Portanto, a felicidade para Aristóteles é *agir*, e esse agir deve estar em conformidade com a "razão teórica", o pensamento puro. O que isso significa? Que agir é esse? Não se trata de uma atividade qualquer. Segundo Aristóteles, há outro tipo de razão, que pode orientar nossas atividades cotidianas e nossas relações com os outros: a "razão prática". Ele separa, portanto, razão prática e razão teórica. A primeira diz respeito a um conhecimento sobre coisas e eventos da vida prática, cotidiana e histórica, na qual tudo o que ocorre é da ordem do *contingente*: pode ser que Crátilo vá ou não ao mercado; pode ser que Alcebíades consiga ou não convencer a assembleia a declarar guerra contra Esparta; tudo isso é *contingente*.

Mas é *necessário* que, no universo macro, dois corpos não possam ocupar o mesmo espaço ao mesmo tempo, ou que, em um triângulo retângulo, o quadrado de seu lado maior (a hipotenusa) seja igual à soma do quadrado dos outros dois lados (os catetos). A razão teórica versa sobre esse universo de coisas e relações necessárias.

Se a mais perfeita felicidade, segundo Aristóteles, encontra-se na atividade da razão teórica, é justamente porque esta lida com coisas, fenômenos e leis *necessários*, e não com o mundo do acaso e da contingência. Assim, a razão teórica – que encontra sua expressão máxima na filosofia – conhece, por exemplo, as leis que regem os planetas, as leis da geometria e da física: tudo isso é da ordem do necessário. Ademais, ela busca conhecer a causa necessária de todas as coisas existentes, e por isso seu objeto de estudo maior é o *Théos*, ou Deus, Primeiro Motor Imóvel que move e gera tudo o que há.

É somente ao exercício dessa razão teórica que Aristóteles atribui a "felicidade perfeita". O homem que age com prudência ética (*phrónesis*), por exemplo, é dotado de sabedoria moral, porque exerce a razão prática; ele goza de certa felicidade, porque é capaz de escolher convenientemente entre as opções possíveis que lhe são apresentadas na vida prática; o prudente lida bem com o que é contingente e casual, porque escolhe bem através de sua razão prática. Nessa medida, o sábio moral (o prudente) é feliz, mas não atingiu ainda a "felicidade perfeita". Por quê?

Há pelo menos dois motivos importantes. Um deles é que o sábio moral necessita de recursos externos para agir e praticar sua virtude: por exemplo, se ele é bondoso e quer ajudar alguém em dificuldades materiais, precisa de dinheiro para agir e pôr em prática sua virtude – dinheiro que ele pode possuir ou não. "Mas para a atividade contemplativa", escreve Aristóteles, "as pessoas não necessitarão de recursos externos, pelo menos com vistas ao exercício desta atividade" (ARISTÓTELES, 1991, p. 204). Tal atividade contemplativa é o que nos aproxima do divino: a atividade dos deuses, para Aristóteles, não era outra senão a contemplação. Assim, ele escreve:

> Então a felicidade chega apenas até onde há contemplação, e as pessoas mais capazes de exercerem a atividade contemplativa fruem mais intensamente a felicidade, não como um acessório da contemplação, mas como algo inerente a ela, pois a contemplação é preciosa por si mesma. A felicidade, portanto, deve ser alguma forma de contemplação. (ARISTÓTELES, 1991, p. 205)

Na atividade contemplativa, o sábio depende mais de si mesmo que do exterior para obter prazer com sua atividade. Por isso ele frui da felicidade perfeita. Mais que da "excelência moral", a felicidade depende da "excelência intelectual", segundo Aristóteles.

O que está presente nessa concepção é uma ideia bastante comum aos gregos da época: a noção de *autarquia* (a *autárkeia*), ou autossuficiência, e de autonomia. Aristóteles é o primeiro grande filósofo a estabelecer a ligação entre autonomia e felicidade.

O sábio, para ser feliz, dedica-se apenas a pôr em prática sua excelência intelectual, sua razão teórica; todas as suas ações cotidianas e políticas visam preservar o bom estado e o bom uso dessa parte de nós que Aristóteles e outros consideravam "a parte mais nobre": a razão, faculdade pela qual conhecemos a causa de todas as coisas (o Primeiro Motor Imóvel), a natureza e a nós mesmos. O exercício dessa "atividade contemplativa" é a própria felicidade, segundo Aristóteles. "Sendo assim, então", ele afirma, "o sábio é o homem mais feliz" (ARISTÓTELES, 1991, p. 206).

Sugestão de filme:

SÓCRATES. Direção: Roberto Rossellini. Itália, 1971. 120 min., son., color. Versátil Home Vídeo / Luce. DVD

Trata-se de um dos melhores filmes do famoso diretor italiano Roberto Rossellini. Retratando a fase final da vida de Sócrates, o filme é capaz de transportar os telespectadores para o ambiente da Grécia Antiga, particularmente para o último período da democracia ateniense, quando Sócrates será condenado a tomar cicuta, sob a acusação de corromper os jovens e os deuses da cidade. A defesa de Sócrates diante do tribunal é um dos momentos marcantes do filme. Mas é interessante notar também a postura de Sócrates após a condenação: sua recusa em fugir da pena (virtude cívica) e sua tranquilidade diante da morte iminente, revelando características que são as do sábio feliz da Antiguidade.

Os extras trazem ainda um importante e bastante instrutivo depoimento do professor de filosofia da USP Roberto Bolzani.

Sugestão de documentário

FILOSOFIA: um guia para a felicidade – Sócrates e a autoconfiança. Londres, 2000. 24 min, son., color. Disponível em: <http://www.youtube.com/watch?v=P3qtsYmJpU0>.

Esse vídeo é um dos episódios da série de documentários *Filosofia: um guia para a felicidade* (*Philosophy: a guide to happiness*), apresentada por Alain de Button, escritor, crítico literário e filósofo, nascido em 1969, na Suíça. De Button mora atualmente em Londres, onde ficou famoso ao produzir e apresentar esse documentário, que ganhou as telas da televisão nos anos 2000. Tratando de temas cotidianos de maneira filosófica, o documentário, pensado para popularizar a filosofia, foi inspirado em um livro do próprio autor, intitulado *As consolações da filosofia* (L&PM, 2012, 320 p.). Nesse vídeo, Alain de Button tece reflexões sobre o legado do pensamento socrático, particularmente no que concerne à possibilidade de exercermos nosso pensamento com autonomia, para além das opiniões e dos valores comumente compartilhados pela maioria das pessoas. Com duração e apenas 24 minutos, o vídeo é excelente como apoio às aulas e leituras sobre a filosofia na Antiguidade, particularmente o pensamento de Sócrates. Mas é igualmente útil para aproximarmos o pensamento de Sócrates de nossas questões cotidianas.

CAPÍTULO 2
A FELICIDADE NO PERÍODO HELENÍSTICO

Novos rumos: a herança grega e os impérios

Aristóteles morreu em 322 a.C., na cidade de Cálcis. Muitos historiadores da filosofia consideram que sua morte representa o fim de uma era, a Antiguidade Clássica, em que a política e a filosofia alcançaram um enorme desenvolvimento na Grécia Antiga. Alexandre, o Grande, filho de Felipe II da Macedônia, havia morrido no ano anterior, mas deixara todo um império, construído em apenas 13 anos através de invasões militares, realizadas com seus poderosos exércitos, e por meio de acordos com os poderes locais das cidades invadidas. As consequências das ações imperialistas de Alexandre permaneceriam por muito tempo ainda, após sua morte.

Localizada na Ásia Menor, a Macedônia, perto de onde nascera Aristóteles, fazia parte das regiões que estavam sob influência cultural da Grécia. No entanto, Alexandre Magno iniciou seu império conquistando seus vizinhos gregos. A Grécia, naquele momento, encontrava-se internamente fraturada: como consequência da Guerra do Peloponeso (431-404 a.C.), havia muitas revoltas e rivalidades entre algumas cidades gregas. Alexandre se aproveitou dessa situação de enfraquecimento e procurou conter, com a força de seus exércitos, várias dessas revoltas, em um momento em que a democracia grega começava a desmoronar. Após o domínio da Grécia e de suas colônias, Alexandre estendeu seu domínio para a Mesopotâmia, o norte da África e o Oriente, fundando várias cidades por onde passava e às quais dava o nome de Alexandria (a mais famosa delas foi a Alexandria do Egito).

Tendo recebido, durante a juventude, educação do próprio Aristóteles, Alexandre era de certo modo movido pela crença de que seu império deveria impor a cultura grega a todos os povos. Por isso, suas ações políticas e de poder, marcadas por forte conteúdo imperialista, implicaram, entre outros pontos aspectos, espalhar e impor a cultura dos gregos aos povos das áreas por ele dominadas. É esse processo de difusão e imposição da cultura grega, a partir do imperialismo militar de Alexandre, que muitos historiadores chamam de *helenismo*.

Assim, o helenismo representa, em um primeiro momento, uma espécie de conquista e dominação *cultural* da Grécia-Macedônica sobre outras regiões. É por isso que, quando a Grécia foi objeto de conquista de outro império, o Império Romano, alguns historiadores dirão que Roma conquistou política e militarmente a Grécia, mas que esta conquistou culturalmente Roma. De fato, muitas regiões a que o Império Romano estendeu seu domínio já haviam sido "dominadas" pela Grécia.

Tanto a ascensão do império de Alexandre Magno quanto, mais tarde, a do Império Romano estão relacionadas ao fim da democracia e, portanto, das cidades-Estado gregas. Esse fim já vinha sendo preparado desde a Guerra do Peloponeso, cujas origens se devem sem dúvida à política ateniense de expansão e dominação de outras cidades, que fez com que Atenas acabasse por criar vários inimigos para si. O enfraquecimento dos laços que havia entre os cidadãos e a pólis e, por isso, da própria vida política tem suas raízes nessa guerra. Se os impérios que se seguiram após a morte de Aristóteles eram poderes centralizados, às vezes monárquicos, e certamente distantes do alcance dos indivíduos, nem por isso foram os únicos responsáveis pelo enfraquecimento da vida política e da democracia: suas causas já se encontravam na própria Atenas democrática, mas imperialista (CHAUI, 2010, p. 26-36).

Quais foram as consequências desses acontecimentos históricos para a filosofia? Não foram poucas nem pequenas. Sob os impérios, ocorreu uma maior centralização do poder e das decisões políticas; a política ficou mais distante dos homens comuns e o poder se tornou cada vez mais o exercício de grandes figuras (generais, césares). A vida pública se viu então debilitada, algo que já vinha ocorrendo desde o fim da democracia ateniense. Nesse contexto, os problemas, temas e assuntos passaram a ser pensados antes de tudo sob a perspectiva do indivíduo e da vida privada.

No tema da liberdade, ou mesmo da felicidade, o que interessará aos pensadores do período será antes de tudo a *experiência* que alguém pode ter da liberdade ou da felicidade, e sobretudo de sua efetivação prática. Não é que, para esses pensadores, a experiência cívica ou política do homem livre ou feliz não interessasse: se a política ou a vida civil fossem capazes de realizar a liberdade e a felicidade individuais, eles pensariam os problemas éticos em consonância com o pensamento político. Mas não era exatamente assim que os antigos pensavam, e não será assim que os helenísticos pensarão.

Como mostrado anteriormente, já Platão e Aristóteles tinham um ideal de filósofo ou sábio que realiza sua virtude moral e sua felicidade na pura contemplação do bem (Platão) ou na contemplação teórica da verdade (Aristóteles). Por esse motivo, o ideal de vida sábia se opunha, de certa maneira, à vida prática política, sobretudo à democracia, uma vez que esta implica participação, embate e resolução de conflitos da e na cidade. O advento dos impérios contribuirá ainda mais para essa cisão entre vida ativa e vida contemplativa.

> Assim, vários filósofos do helenismo estavam apenas seguindo os mestres gregos quando trouxeram para o centro dos debates o tema da felicidade e, consequentemente, questões ligadas ao desejo, ao prazer e à dor, bem como à maneira como podemos

> ou devemos exercer nosso desejo para melhor lidar com a dor e o prazer. Eles quiseram – e muitos talvez tenham conseguido – realizar na prática o ideal grego do filósofo livre e feliz, concretizado na figura do sábio.

Por tudo isso, podemos dizer que se há um período, na história da filosofia, em que a busca da felicidade é o tema por excelência do trabalho filosófico, esse período é o helenismo.

Prazer e dor, autarquia e filosofia

Imagine alguém rico, bem rico. Atualmente, essa pessoa poderia comprar quase tudo que pode proporcionar prazer. Suponha que tal pessoa tenha tanto dinheiro que seria quase impossível que este acabasse enquanto ela vivesse. Se, agora, nós supusermos que a felicidade consiste na posse de todo e qualquer tipo de bens, então essa tal pessoa seria feliz. Contudo, desde os inícios da história da filosofia, os filósofos advogaram ser essa uma tese falsa. A felicidade não passa por aí. Para eles, a felicidade não se encontra na *posse* de qualquer bem externo, como o dinheiro ou qualquer outro que ele possa comprar. Se uma vida feliz depende da conquista e da preservação de um bem externo que proporcione prazer, a felicidade não pode se concretizar, segundo eles. Por quê?

Vamos considerar, por enquanto, que a felicidade seja o que os gregos chamavam de *eudaimonía*, isto é, uma alegria duradoura e estável. Nesse caso, seria preciso que o bem externo que proporciona prazer contivesse, em si mesmo, solidez, constância e invariabilidade. Mas se este, que é causa de minha alegria, não pode ser preservado; se ele é perecível ou não pode ser conquistado; se é inacessível sob certas circunstâncias, ou só o é a alguns poucos "privilegiados", então a alegria nem pode perdurar nem apresenta estabilidade. Consequentemente, não há *eudaimonía*. A tese de uma felicidade como posse de bens externos que proporcionem prazer ou alegria é portanto falsa. Melhor dizendo, de um lado, tais bens são perecíveis, acabam, terminam, desaparecem; de outro, podem ser inacessíveis ou acessíveis somente a alguns (o que, aliás, costuma gerar disputa, inveja, discórdia, etc.). A felicidade deve estar em outro lugar.

Assim, para tentar encontrá-la, os filósofos da Antiguidade buscaram primeiro distinguir entre os prazeres puros e impuros, bons e nocivos, verdadeiros e falsos. É o caso de Aristipo de Cirene (435-356 a.C.), um dos muitos discípulos de Sócrates. Platão é o mais conhecido dos discípulos de Sócrates, sem dúvida por sua grande obra, mas houve vários outros, que ficaram conhecidos como "socráticos menores", como Euclides, Fédon, Xenofonte, Esquines, Antístenes. Aristipo de Cirene era um desses "socráticos menores". Ele considerava que o bem supremo do ser humano era o bem-estar físico, aquilo a que os gregos davam o nome de *euthymia*.

Para Aristipo, portanto, o prazer era considerado um bem em si mesmo. Esse era o maior objetivo a que deveríamos aspirar. Como hedonista, Aristipo entendia que o prazer movia a vida. Essa foi uma lição que Sócrates *não* ensinou a Aristipo. Para Sócrates, nenhum prazer era um bem em si mesmo. Apenas a sabedoria era um bem que permitia distinguir entre prazeres verdadeiros ou falsos, bons ou maus, etc., e a virtude, outro bem que implicava viver a vida com moderação. Em suma, para Sócrates, se algo que dá prazer serve ao exercício da sabedoria e à prática da virtude, então ele é um bem.

Mas se qualquer prazer é bom em si mesmo, conforme postulava Aristipo, o sábio é aquele que aprende a gozar bem dos prazeres. Com esse adendo, vemos que Aristipo não era um hedonista amoral e pervertido. Com Sócrates, ele aprendera a importância da *autárkeia*, isto é, da autossuficiência, da independência daquele que basta a si mesmo. Essa noção se liga a outra, também presente em Sócrates: a de *autonomía*, que significa se dar a si mesmo a própria norma, a própria regra, sem ser guiado pelo exterior. Quando não somos autossuficientes ou autônomos, somos dominados pelos prazeres, pois nesse caso nós nos tornamos vítimas dos prazeres e das paixões, e o que era prazer se torna, por isso, desprazer e fonte de infelicidade. Isso é mal, ruim e nocivo. O que faz com que sejamos dominados pelos prazeres? O excesso: a *hýbris*. Aqui entra a sabedoria socrática: ela serve como meio para termos autonomia no gozo dos prazeres, impedindo que sejamos escravos das paixões e dominados pelos prazeres.

> Em Sócrates, os prazeres estão a serviço da sabedoria; em Aristipo, a sabedoria está a serviço dos prazeres. No entanto, mesmo para um hedonista como Aristipo, o gozo dos prazeres vem acompanhado da sabedoria. Por isso, para ele, a felicidade é constituída de prazeres, mas não é conquistada sem sabedoria, pois sem esta não há autonomia, e sem autonomia se é dominado pelos prazeres, que levam ao excesso e se tornam fonte de desprazer e infelicidade.

A noção de autonomia foi importante também para Antístenes, outro "socrático menor", que viveu na mesma época de Aristipo, mas chegou a uma conclusão completamente oposta à sua. Para Antístenes, o prazer era um mal em si mesmo e devia ser evitado a qualquer custo. Ele dizia que preferiria ficar louco a sentir prazer (enquanto muitos, tanto em sua época assim como hoje, seriam capazes de ficar "loucos de prazer"). Nem por isso, entretanto, Antístenes defendeu a dor. Em sua ética, devemos nos afastar tanto do prazer quanto da dor. Fugir da dor é algo fácil de compreender; a maior parte de nós faz isso naturalmente. Mas por que evitar o prazer? É que, para Antístenes, no gozo dos prazeres somos necessariamente dependentes e escravos do mundo exterior. Não somos *autônomos*, não nos bastamos a nós mesmos, e com isso não podemos ser felizes. A felicidade, segundo Antístenes, passa necessariamente pela autonomia afetiva, isto é, por um estado em que aquilo que sentimos e pensamos depende mais de nós mesmos que do exterior.

Aristipo de Cirene e Antístenes fundaram, assim, a partir de Sócrates, duas escolas opostas. Aristipo deu origem à escola cirenaica, na qual o prazer é um bem em si. Antístenes, por ter ensinado sua filosofia no ginásio de Cinosargo, que significa "cão ágil", deu origem à escola do *cinismo*. Um pouco mais tarde, o principal expoente do cinismo será Diógenes de Sinope, que levará às últimas consequências as máximas de seu mestre Antístenes. Realmente, Diógenes, o Cínico, como era conhecido, colocará em prática a ética do mestre.

Despojando-se de todos os bens, diz a lenda, ele passou a viver em um barril, aceitando alimentos e roupas como doações, vivendo apenas com o estritamente necessário para a sobrevivência. Nem mais nem menos. Desprezava os prazeres. Mas, em vez de evitar a dor, preferia ficar indiferente diante dela. O cínico, portanto, era apático, no sentido etimológico do termo: *a-páthos*, não apaixonado, indiferente tanto em relação ao prazer como em relação à dor.

Figura 7. *Diógenes*, John William Waterhouse, 1882

Diógenes, o Cínico, era tão indiferente aos bens exteriores materiais que morava em um barril. Nesta imagem, do artista inglês John William Waterhouse (1849-1917), vemos uma lanterna com a qual, segundo a lenda, Diógenes saía em plena luz do dia, dizendo: "Procuro um homem de verdade!".

A esse estado afetivo os gregos chamavam de *ataraxia*, isto é, uma ausência de perturbação. Mas alcançar tal estado exigia também alcançar um estado de autonomia, em que o sábio se torna capaz de se bastar a si mesmo, servindo-se apenas do necessário e dependendo o mínimo possível do exterior.

> Desse modo, a felicidade seria uma combinação entre os estados de ataraxia e autonomia, através dos quais o homem se mantém livre de perturbações do exterior, porque já não depende, ou depende o mínimo possível, do mundo externo. A felicidade, para Diógenes de Sinope, não poderia estar no exterior, mas sim dentro do próprio homem.

Algo parecido se passa na concepção de felicidade de outro grego: Epicuro (341-270 a.C.), que, como Aristipo, também enfatizava o prazer. Epicuro pode ser considerado um filósofo exemplar do período helenista, porque, como quase todos os filósofos da época, fez da busca da felicidade o objetivo principal da atividade filosófica. Como outros o farão depois dele, Epicuro fundou a primeira escola, talvez, na Grécia Antiga em que eram aceitos não só os homens, mas também as mulheres, os velhos, as crianças, os escravos e até os estrangeiros. Sua escola, pelo menos em termos de aceitação de discípulos, era mais democrática que a cidade de Atenas!

Essa aceitação de todos era coerente com o pensamento de Epicuro sobre a natureza. Se a cidade estabelece divisões e hierarquias, a natureza, considerava Epicuro, não faz distinções ao engendrar os seres. Para ele, todos nós somos efeitos da atividade da mesma natureza. Epicuro criou com eles – homens e mulheres, crianças e velhos – uma verdadeira comunidade filosófica, após comprar, na periferia de Atenas – mais longe da cidade e mais perto da natureza –, um pequeno prédio em que havia um jardim. Sua escola passou a ser conhecida como a Escola do Jardim. E, no Jardim, qualquer um podia ser feliz, desde que procurasse o prazer no lugar certo.

Para Epicuro, "o prazer é o início e o fim da vida feliz" (EPICURO, 2002, p. 37). Mas enquanto Aristipo considerava que o prazer era algo a ser experimentado através do gozo efetivo deste ou daquele objeto, Epicuro considerava que o maior prazer era a ausência de dor e agitação. Por quê? Como ele afirmava, a "ausência de perturbação e de dor são prazeres estáveis", enquanto "o gozo e a alegria são prazeres de movimento, pela sua vivacidade" (EPICURO, 1973, p. 25). Ora, o movimento gera choques, e para os gregos o movimento era a causa primeira da transformação e da decomposição dos corpos. Melhor, então, ficar com os prazeres estáveis. O homem feliz é aquele que busca, antes de tudo, a ausência de dor e perturbação. Mas onde encontrar uma vida livre de ambas?

Epicuro não pregava uma ataraxia, isto é, apatia e indiferença diante de prazeres e dores. O sábio, para ele, é aquele que busca um "bem viver" (*eu zèn*), que envolve prazer. Ele se perguntava, porém, que prazer poderia proporcionar um "bem viver" de fato. Que prazer não envolveria nem o sofrimento, para o corpo, nem a agitação ou a perturbação, para a alma? Encontramos a resposta em uma famosa carta de Epicuro a seu discípulo Meneceu:

> Não são, pois, bebidas nem banquetes contínuos, nem a posse de mulheres e rapazes, nem o sabor dos peixes ou das outras iguarias de uma mesa farta que tornam doce uma vida, mas um exame cuidadoso [*nêphôn logismos*] que investigue as causas de toda escolha e de toda rejeição e que remova as opiniões em virtude das quais uma imensa perturbação toma conta dos espíritos. (EPICURO, 2002, p. 43-45)

Esse "exame cuidadoso", essa reflexão, é portanto necessário para escolher bem os prazeres, e tal escolha é orientada pelo ato de filosofar. É por isso que, no início dessa carta, Epicuro começa invocando a filosofia e convidando todos, jovens ou velhos, a filosofarem:

> Que ninguém hesite em se dedicar à filosofia enquanto jovem, nem se canse de fazê-lo depois de velho, porque ninguém jamais é demasiado jovem ou demasiado velho para alcançar a saúde do espírito. Quem afirma que a hora de dedicar-se à filosofia ainda não chegou, ou que ela já passou, é como se dissesse que ainda não chegou ou já que passou a hora de ser feliz. (EPICURO, 2002, p. 21)

Eis aí um verdadeiro elogio à filosofia. Epicuro também afirmava: "Todo desejo incômodo e inquieto se dissolve no amor da verdadeira filosofia" (EPICURO, 1973, p. 21).

> Como em outros filósofos do período da Antiguidade, em Epicuro a felicidade não se separa da sabedoria e da filosofia. É ela que torna o sábio livre de toda inquietação e toda dor. Felicidade é prazer, mas o verdadeiro e estável prazer só pode ser encontrado na própria filosofia, que é um prazer intelectual no qual estão ausentes a perturbação, a agitação, o excesso e a dor.

Podemos concluir o pensamento de Epicuro sobre a felicidade com suas próprias palavras: "Nas outras ocupações, o fruto vem depois de laboriosamente concluídas; na filosofia, porém, o prazer anda no mesmo passo que o conhecimento: a fruição não sucede ao aprendizado, o aprendizado e a fruição são simultâneos" (EPICURO *apud* CHAUI, 2010, p. 80).

Tranquilidade na dúvida: a felicidade entre os céticos

Mais ou menos na mesma época de Epicuro, vários filósofos consideraram que a filosofia era incapaz de alcançar a verdade sobre o que quer que fosse. Ela não permitiria afirmar ou negar algo sobre a natureza de qualquer coisa. Todavia, até mesmos esses filósofos buscaram uma "felicidade" na própria suspensão do juízo e na dúvida. Foram eles os chamados filósofos *céticos*.

Pirro foi um deles. Não se sabem ao certo as datas de seu nascimento e de sua morte (como aliás ocorre com outros filósofos antigos), mas os historiadores estipulam que ele teria nascido entre 365 e 360 a.C. e morrido entre 275 e 270 a.C., em Élis, região do antigo Peloponeso.

Ele é considerado o fundador do ceticismo grego. Se Sócrates dizia "Sei que nada sei", o sábio cético diria "Nem sei se nada sei". O filósofo cético é aquele que cultua sempre a dúvida.

O argumento cético de Pirro era o seguinte: tudo é instável e indeterminado, tudo se movimenta e se diferencia, transformando-se o tempo todo; portanto as coisas *não* possuem uma natureza estável, e por isso não podemos dizer o que elas são nem o que elas não são. Não podemos dizer nem o ser nem o não ser das coisas. Não podemos conhecer algo como a "substância" ou a "natureza" das coisas.

Tudo o que vemos são fenômenos, dizia ele, e esses fenômenos são incertos, instáveis e indeterminados. É tanto verdadeiro quanto falso dizer que a cera é sólida, pois, sob outras circunstâncias (sob o forte calor do fogo, por exemplo), ela pode ser líquida ou mesmo virar vapor. Qual é então sua natureza? Nem uma coisa nem outra; nem sólida, nem líquida, nem vaporosa. O sábio é, pois, aquele que não afirma nem isso nem aquilo sobre o que quer que seja. Não diz seu ser nem seu não ser. Suspende o juízo (*epoché*). Deixa na dúvida. Mas por que isso o torna uma pessoa tranquila?

Ao suspender o juízo, o filósofo cético não adere às opiniões e às coisas. Ele permanece em um estado de *indiferença*. Enquanto uns se batem por essa ou aquela opinião, disputam por esse ou aquele bem, o sábio cético, por ver que opiniões e bens se equivalem, suspende seu juízo (não afirma nem nega isso ou aquilo) e fica em seu canto tranquilo, sem paixão que o mova e o faça entrar nas disputas (estado de *apatheia*).

> Segundo Marilena Chaui: "O sábio [cético] não é atormentado pelo verdadeiro e pelo falso, no conhecimento, nem pelo bom e pelo mau, na ação" (CHAUI, 2010, p. 60).

Pirro teve muitos seguidores na Antiguidade. O principal foi Tímon de Fliunte (325-235 a.C.). É através dele, aliás, que conhecemos o pensamento do próprio Pirro, que, como Sócrates, nunca escreveu nada. Depois de Pirro, Tímon e outros, o ceticismo irá reflorescer no século I d.C., com Enesidemo, e no século III, com o grego Sexto Empírico, por cuja obra (quase toda conservada) conhecemos quase tudo o que sabemos sobre o ceticismo antigo. Para

Sexto Empírico, que era médico, o dogmatismo é uma doença da alma, porque nos faz fixar o juízo e o desejo sobre opiniões (ideias, afirmações, negações, teorias, etc.) e coisas (os bens desejados) que são instáveis, incertas e indeterminadas. Qual a cura para isso? A filosofia cética, a dúvida, a suspensão do juízo sobre o verdadeiro e o falso, o bem e o mal.

Mas, ao contrário de Pirro e dos pirrônicos, Sexto Empírico não defendia o estado de *apatheia*, a impassibilidade absoluta diante das coisas. Mesmo um cético não pode duvidar de certos fenômenos da vida, porque é necessariamente afetado por eles: por exemplo, não pode evitar sentir o calor do fogo em sua pele, assim como não pode duvidar ou negar que sente fome ou sede.

Contudo, o sábio, acreditava Sexto Empírico, acaba por obter uma imperturbabilidade (ataraxia) ou tranquilidade da alma, justamente por evitar qualquer juízo sobre a natureza de todo e qualquer fenômeno. Com a suspensão do juízo, ele é capaz de *moderar* os afetos derivados de seu contato com os fenômenos: ele não se deixa prender ou se fixar aos fenômenos que o tocam necessariamente, por não julgá-los nem como bons nem como maus necessários, mas simplesmente como coisas que acontecem e que é preciso deixar passar.

> A tranquilidade do sábio advém de uma posição filosófica que recusa o dogmatismo (no conhecimento) e o julgamento de valor (na vida prática). Nisso reside a felicidade do sábio cético.

A felicidade entre os estoicos

No período helenístico, ainda nos tempos de Epicuro, surgiu outra importante escola de filósofos que desenvolveu uma concepção de felicidade próxima, mas não igual, àquela que encontramos no cinismo e no próprio epicurismo. Trata-se da filosofia *estoica*.

Considera-se que essa escola tenha nascido com o filósofo Zenão de Cítio (333-262 a.C.). Originário de Chipre, ilha do Mar Mediterrâneo próxima ao Egito e à Síria, ele se mudou ainda jovem para Atenas, com o objetivo de estudar a filosofia grega. Em pouco tempo fundou sua própria escola. Sendo estrangeiro, ele não era cidadão ateniense e por isso não podia adquirir um local próprio para ensinar. Assim, dava suas aulas em um dos pórticos da cidade. Pórtico, em grego, se diz *stoá*, donde vem o nome da escola, *estoicismo*. Trata-se, segundo os historiadores, da maior e mais importante escola do período helenista. Pertencem a ela filósofos como Lucrécio, Cícero, Epicteto e Sêneca.

Embora haja diferenças no pensamento dos diversos filósofos estoicos, algumas ideias foram compartilhadas por todos eles. O cosmos, acreditavam, era regido por um mesmo *lógos*, havendo assim uma racionalidade e uma lógica intrínsecas ao mundo. Era

Figura 8. Templo de Erecteion

Na imagem, o Pórtico das Cariátides, situado na lateral (à direita) do templo Erecteion, em Atenas, construído por volta de 420 a.C. Foi em um pórtico (stoá, em grego) como esse que Zenão de Cítio (333-262 a.C.) deu origem ao estoicismo, também chamado de "escola do pórtico".

o que eles chamavam de *alma do mundo*. Para eles, era isso que dava unidade ao cosmos, governando tudo e todos. É importante notar que essa razão não estava na mente de algum deus criador. Para os estoicos, o *lógos* era divino, sem dúvida, mas era também um princípio imanente ao mundo, às coisas e à vida. O deus dos estoicos não era um deus pessoal. O *lógos* significava apenas que tudo era engendrado segundo uma racionalidade ou uma lógica intrínseca às coisas, que as produzia tal como elas são. A natureza, para eles, era perfeita tal como ela é. E o homem é parte dessa natureza, pertencendo a ela e obedecendo a seus princípios.

De que maneira os estoicos pensavam o problema da felicidade do homem? A natureza é o que é; obedece a uma lógica, uma ordem: o *lógos*, e, assim, é como se o destino das coisas e dos homens já estivesse previamente traçado. Tudo o que ocorre deve ocorrer necessariamente. É o que eles chamavam de *destino* ou providência (*pronoia*, em grego). Mas é preciso frisar que *destino*, para os estoicos, significa que o rumo das coisas obedece a uma lógica intrínseca que rege causas e efeitos, e não à vontade de um deus pessoal. Sendo assim, compreendemos o sentido de outra ideia importante no estoicismo: a virtude. Se o mundo obedece a um *lógos*, se as coisas e a vida obedecem a uma lógica intrínseca, forjando o destino dos homens, a virtude será um *viver conforme a natureza*.

Viver segundo a natureza implica viver segundo a *própria* natureza, isto é, de acordo ou em harmonia *consigo mesmo*. Por isso os estoicos acreditavam que o que é conveniente à conservação de cada um está em acordo e não se separa do todo da natureza. Obedecer à natureza e, consequentemente, à natureza humana é seguir um caminho que leva à felicidade (*felicitas*, em latim, embora filósofos como Sêneca e Cícero preferissem o termo sinônimo *beatitudo*). Viver conforme a natureza nos torna sábios e felizes, porque nesse caso nossa vida está em harmonia com o cosmos. E é a filosofia que faz com que o sábio tenha consciência daquilo que é e está conforme a natureza.

O sábio é feliz porque não deseja nada mais da natureza além daquilo que é necessário para sua existência e porque não luta contra as coisas que acontecem, contra o destino. As coisas que ocorrem, de fato, deveriam ocorrer necessariamente, já que, como ensina a razão, deve ter havido causas que necessariamente produziram tais e tais efeitos. Assim, o sábio é aquele que aceita tudo, sem se opor a nada, com um mesmo ânimo, ou então com indiferença – e mais uma vez nos deparamos aqui com a noção de ataraxia.

No entanto, os homens não são dotados apenas de mente, pela qual são capazes de apreender, com a inteligência, o *lógos* do mundo. Eles têm também um o corpo. E com o corpo aparecem as paixões. As paixões pertencem a uma tendência *natural* da alma em sua relação com o corpo, mas elas são o que *naturalmente* desencadeiam um movimento *irracional* da alma. Por quê? Por que as paixões levam a alma a afirmar de maneira desmedida ou excessiva certo afeto (desejo, amor, alegria, ódio, ira, inveja, orgulho, etc.). Isso significa que sob as paixões o homem se opõe à natureza, entrando em desarmonia com ela. É então preciso evitar a desmesura, o excesso das paixões. Se o *lógos* e a razão pertencem à natureza, que está sempre em equilíbrio consigo mesma, o elemento *irracional* da vida pertence às paixões no homem. O sábio estoico, para ser feliz, deve contornar esse elemento irracional. De que forma?

Como as paixões se opõem à natureza, e como elas são irracionais, são vistas pelos estoicos como "doenças da alma". O que causa essas "doenças"? Nossos desejos e prazeres. Para os filósofos estoicos, a felicidade e a sabedoria, portanto, exigem de nós o não desejo do que pode causar excesso, e para isso é preciso não se deixar afetar pelas coisas, tanto as que causam prazer quanto as que causam dor. Tanto quanto pode, o sábio feliz é um desapaixonado. Ele é tranquilo, mas sua tranquilidade exige ataraxia: ele vive entre as coisas, mas não se deixa afetar por elas. Como é possível, no entanto, alcançar esse estado de ataraxia? Através da *razão*.

Para os estoicos, de fato, é a razão que nos permite viver segundo a própria natureza e conforme a natureza. Se não fosse a razão, o homem seguiria suas próprias tendências naturais, suas próprias paixões, desejos e instintos. A razão permite controlar a desmesura das paixões. É através dela que o sábio não se deixa afetar por coisas que, não fosse ela, perturbariam sua alma com grande furor, gerando euforia e entusiasmo, mas também melancolia.

> A razão, segundo os estoicos, livra-nos dos atos desmedidos, excessivos, irracionais, que costumam nos causar perturbações no corpo e na alma. Pela razão, enfim, podemos bem agir: agir bem consigo mesmo e de acordo com a natureza. É isso a virtude. E a virtude é felicidade.

Nos estoicos, como vemos, razão, virtude e felicidade são inseparáveis. Conhecer bem (razão); agir bem (virtude); viver bem (felicidade). Mas exercer a razão é filosofar. A felicidade, então, é inseparável da filosofia. Através dela o homem conhece o mundo e a si mesmo; tem acesso ao *lógos*; apreende que tudo é destino; e, enfim, vive conforme a natureza, em vez de lutar contra ela.

Dessa forma, se para os estoicos as paixões eram "doenças da alma", das quais era preciso se "curar" para levar uma vida feliz (*vita beata*, como dizia Sêneca), então era necessária uma verdadeira "medicina do ânimo" (*medicina aninimi*). E quem melhor cumpriria esse papel de medicina da alma, segundo eles, senão a filosofia?

* * *

Se no período helenista, como dissemos, o tema da felicidade ganha proeminência e destaque, não foi apenas porque o contexto político dos impérios, ao enfraquecer a vida pública, nessa mesma medida favorecia indiretamente a vida contemplativa. Foi também porque, diante desse contexto, os filósofos foram levados a ampliar e desenvolver o ideal de homem sábio e feliz, que já havia no período anterior.

Entre as escolas do período, o epicurismo e o estoicismo foram sem dúvida as vertentes filosóficas que levaram mais adiante o estudo do tema da felicidade como atributo do sábio. Presente tanto nas outras correntes helenísticas quanto na Antiguidade Clássica, a ideia da filosofia entendida como o meio por excelência pelo qual se atinge a sabedoria e a felicidade foi não só desenvolvida como também praticada por epicuristas e estoicos, em um grau talvez maior que entre os gregos clássicos. Com eles, o mundo pensado é inseparável do mundo vivido. E a filosofia se realiza plenamente como um modo de vida.

A novidade das escolas helenísticas, sobretudo a epicurista e a estoica, é que a dimensão prática da filosofia é ainda mais elevada e louvada. Filosofia e sabedoria caminham juntas.

Sugestão de música:

TATIT, Luiz. Felicidade. In: *Felicidade.* São Paulo: Be Bop; Teclacordy, 1997.

A canção "Felicidade", de Luiz Tatit, pode ser ouvida como uma ilustração divertida do pensamento de Diógenes de Sinope. Nela, o narrador está feliz, mas não tem motivo nenhum para estar.

> *Felicidade*
> Luiz Tatit
>
> Não sei por que eu tô tão feliz
> Não há motivo algum pra ter tanta felicidade
> Não sei o que que foi que eu fiz
> Se eu fui perdendo o senso de realidade
> Um sentimento indefinido
> Foi me tomando ao cair da tarde
> Infelizmente era felicidade
> Claro que é muito gostoso

Claro que eu não acredito
Felicidade assim sem mais nem menos
É muito esquisito!

Não sei por que eu tô tão feliz
Preciso refletir um pouco e sair do barato
Não posso continuar assim feliz
Como se fosse um sentimento inato
Sem ter o menor motivo
Sem uma razão de fato
Ser feliz assim é meio chato

As coisas nem vão muito bem
Perdi o dinheiro que eu tinha guardado
E pra completar depois disso
Eu fui despedido, estou desempregado
Amor que sempre foi meu forte
Não tenho tido muita sorte
Estou sozinho, sem saída
Sem dinheiro, sem comida
E feliz da vida

Não sei por que eu tô tão feliz
Vai ver que é pra esconder no fundo uma infelicidade
Pensei que fosse por aí
Fiz todas terapias que tem na cidade
A conclusão veio depressa
Sem nenhuma novidade
Meu problema era felicidade
Nem fiquei desesperado
Fui até bem razoável
Felicidade quando é no começo
Ainda é controlável

Não sei o que foi que eu fiz
Pra merecer estar radiante de felicidade
Mais fácil ver o que não fiz
Fiz muito pouca coisa aqui pra minha idade
Não me dediquei a nada
Tudo eu fiz pela metade
Por que então tanta felicidade?

Dizem que eu só penso em mim
Sou muito centrado
Que eu sou egoísta
Tem gente que põe meus defeitos
Em ordem alfabética
E faz uma lista
Por isso não se justifica
Tanto privilégio de felicidade
Independente dos deslizes
Dentre todos os felizes
Sou o mais feliz

Não sei por que estou tão feliz
E já nem sei se é necessário ter um bom motivo
A busca de uma razão
Me deu dor de cabeça
Acabou comigo
Enfim eu já tentei de tudo
Enfim eu quis ser consequente
Mas desisti
Vou ser feliz pra sempre
Peço a todos: com licença!
Vamos liberar o pedaço
Felicidade assim desse tamanho
Só com muito espaço

Sugestões de leitura:

CHAUI, Marilena. **As escolas helenísticas**. São Paulo: Companhia das Letras, 2010. (Introdução à história da filosofia. v. 2).

Para um aprofundamento na leitura dos filósofos do período helenista, nada melhor que este livro da filósofa Marilena Chaui. Ele aborda todas as grandes escolas helenísticas, de Pirro a Sexto Empírico, de Epicuro a Lucrécio, passando, claro, por estoicos como Cícero, Sêneca, Marco Aurélio e Epitecto, mas também Panécio e Posidônio. E tudo isso com a elegância, a clareza e, ao mesmo tempo, a profundidade que caracterizam os trabalhos dessa grande filósofa brasileira.

BRÉHIER, Émile. **A teoria dos incorporais no estoicismo antigo**. Belo Horizonte: Autêntica, 2012.

Considerado um clássico da história da filosofia, esse estudo de Bréhier sobre o pensamento estoico é original e inovador. Os estoicos definiam os seres, isto é, tudo o que tem uma essência, como sendo corpos. Para as "coisas" que não eram um nada absoluto (pois podiam ser pensadas), mas não tinham uma existência propriamente dita, eles criaram o termo *incorporal*. Os incorporais são de quatro espécies: o tempo, o lugar, o vazio e aquilo que eles chamaram de "exprimível" (*lékton*, em grego), que são as representações intelectuais das coisas e os elementos da lógica. Analisando essa noção de incorporal, Bréhier oferece uma interpretação segundo a qual o pensamento estoico pode ser visto como uma recusa das filosofias intelectualistas de Platão e Aristóteles, para os quais o princípio das coisas, do mundo e da existência se encontrava em "seres intelectuais", como as Ideias de Platão ou o Primeiro Motor Imóvel de Aristóteles. Para os estoicos, ao contrário, tais seres só poderiam ter realidade no pensamento, pois fora deste toda a realidade é corpórea. Desse modo, para eles, o próprio princípio racional das coisas, o *lógos*, seria antes imanente aos seres e ao mundo, devendo ter algo de corporal, de real, e não puramente ideal, como afirmavam as doutrinas platônicas e aristotélicas. Sem dúvida um belo livro.

Sugestões de documentários:

FILOSOFIA: um guia para a felicidade – Epicuro e a felicidade. Londres, 2000. 23 min, son., color. Disponível em: <http://www.youtube.com/watch?v=MrpZ23ldz_A>.

Nesse vídeo, que é um dos episódios da já citada série de documentários *Filosofia: um guia para a felicidade* (ver final do Capítulo 1), Alain de Button descreve aspectos centrais da filosofia da felicidade de Epicuro. Momento muito interessante do vídeo é quando De Button visita a pequena cidade de Oenoanda, atual Incealiler, situada no sudoeste da Turquia, onde viveu Diógenes de Oenoanda, um ardoroso seguidor de Epicuro que construiu, justamente na parte comercial da cidade, muros com inscrições da filosofia de Epicuro, como que para lembrar consumidores e comerciantes que dinheiro e mercadorias não traziam felicidade.

FILOSOFIA: um guia para a felicidade – Sêneca e a raiva. Londres, 2000. 24 min., son., color. Disponível em:<http://www.youtube.com/watch?v=zCjt8E3pcJk>.

Esse é outro episódio da série *Filosofia: um guia para a felicidade*, no qual Alain de Button, sempre buscando estabelecer conexões entre o pensamento de Sêneca e certas situações cotidianas, oferece ao espectador reflexões sobre o problema da raiva. Na base das argumentações está o livro de Sêneca intitulado *De Ira* (*Sobre a ira*). Como nos outros episódios, De Button visita os locais onde o filósofo viveu (Roma, Pompeia) e comenta os principais aspectos do pensamento do estoico Sêneca. Ao acompanhar as reflexões sobre a ira, o espectador entra em contato com o problema da liberdade em meio aos fatos inevitáveis da vida e aos fenômenos igualmente inevitáveis da natureza, aquilo que os antigos romanos chamavam de fortuna. O espectador também pode ter uma ideia sobre como a razão humana, em Sêneca, permite-nos ter consciência do que podemos e do que não podemos diante dos fatos; permite conhecer a vida e a realidade como elas são, e não como desejaríamos que fosse. Era essa razão que Sêneca acreditava poder aplacar toda a nossa ira. Eis aqui um vídeo tanto mais filosoficamente interessante quanto mais permite uma abertura para refletirmos sobre um problema tão presente em nosso cotidiano: a ira, a raiva e o descontrole emocional diante de situações que muitas vezes frustram nossas melhores expectativas.

CAPÍTULO 3
O CRISTIANISMO E A FELICIDADE

Pensamento cristão, filosofia e felicidade

Até aqui vimos que, embora os filósofos e suas escolas de pensamento tenham elaborado diferentes concepções de felicidade, todas elas apresentam um elemento comum. Dos pré-socráticos aos estoicos, passando por Platão e Aristóteles, os filósofos sempre consideraram que filosofia, sabedoria e virtude são caminhos inseparáveis que levam à felicidade. Tratava-se, portanto, de uma noção de felicidade pensada e conquistada pelo homem. Mesmo se em alguns casos a felicidade só pudesse ser plenamente realizada em um mundo transcendente (como em Platão), era sempre pensada a partir *deste mundo* e com vistas antes de tudo a *esta vida*.

O advento do cristianismo vem alterar tal situação. As noções de sabedoria, filosofia e felicidade sofrerão profundas mudanças. Não é difícil compreender o motivo principal dessas transformações: o pensamento cristão é originariamente *religioso*, e teve de se confrontar com um legado de pensamento eminentemente *filosófico*. Do confronto entre religião revelada e filosofia nascerá, no Ocidente, o pensamento filosófico cristão, um tipo de pensamento que sempre tentou conciliar os mistérios de uma doutrina religiosa revelada nos textos sagrados com as diversas filosofias ocidentais.

O cristianismo nasceu durante o Império Romano, na região da Palestina, e se difundiu por toda a Europa. Nos primeiros três séculos da era cristã, as diversas seitas do cristianismo foram bastante perseguidas pelos poderes imperiais. No entanto, se o cristianismo emergiu primeiro entre as camadas populares, a partir do século II começou a receber a adesão cada vez maior de camadas mais abastadas do Império Romano. Além de politicamente mais próximas dos poderes estabelecidos, elas eram também mais cultas e intelectualizadas. Isso teve duas consequências: do lado político, deu ao cristianismo maior legitimidade sociopolítica. Essa situação se tornou mais evidente com a conversão do imperador Constantino, nos inícios do século IV. A partir daí, o cristianismo passou a ser a doutrina oficial do estado. Do lado filosófico, tornou-se uma prática, entre membros da elite eclesiástica, a discussão, a análise e a interpretação dos textos sagrados, dando origem à *teologia cristã*, ou o estudo (*logia*) do Deus (*théos*) cristão. Em seu cerne, a teologia representou a tentativa de racionalização dos textos sagrados, sobretudo os da Bíblia.

Já no século II, teólogos como Justino, Taciano e Tertuliano de Cartago, por exemplo, publicaram obras apologéticas que são consideradas as primeiras manifestações intelectuais em defesa do cristianismo. Eram teologias exercidas ou apreciadas pelas elites cristãs e implicavam um confronto com os textos filosóficos, já que essas elites normalmente recebiam uma formação cultural greco-romana. Daí em diante, inúmeros autores e obras surgirão no cenário europeu, sobretudo a partir de fins do século IV, com Ambrósio, Agostinho e Jerônimo. Tais circunstâncias tiveram forte impacto tanto na filosofia, em geral, quanto no tratamento do tema da felicidade, em particular.

1) No campo do pensamento filosófico, a principal consequência foi a subordinação da filosofia à teologia. Daí em diante, a última palavra seria sempre a de Deus: sua verdade já estava revelada e contida na Bíblia. A Revelação se tornou, pois, o critério de toda e qualquer verdade. Um exemplo. Platão falava em uma Verdade e em um Bem absolutos, situados em uma esfera transcendente à vida e ao mundo dos homens. Não por acaso ele exerceu forte influência sobre os pensadores cristãos. Mas, do ponto de vista cristão, a

metafísica platônica era ainda demasiado abstrata: para os cristãos, seria preciso recorrer à Bíblia para compreender que Bem e Verdade são o próprio Deus criador de todas as coisas. Ou seja, sob a ótica cristã, a filosofia de Platão precisava ser adequada à lógica de um mundo que só se explicava a partir do princípio da fé na palavra de Deus. Platão estava certo, diziam os teólogos, mas seu pensamento era incompleto – não por um defeito do próprio Platão, mas porque fora concebido antes do advento da Revelação cristã, na qual se encontra a Verdade em sua totalidade. O que, aos olhos dos teólogos, tornava um filósofo como Platão tão admirável era justamente o fato de ter concebido verdades tão sublimes antes da Revelação. Em suma, um pensamento admirável, mas incompleto e abstrato, que precisava ser complementado com a Verdade Sagrada.

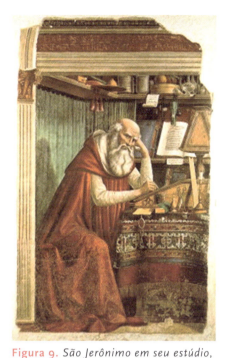

Figura 9. *São Jerônimo em seu estúdio*, de Domenico Ghirlandaio, 1480

São Jerônimo (347-420) foi responsável por uma das traduções da Bíblia do grego e do hebraico para o latim, criando a Vulgata, texto bíblico oficial da Igreja Católica. Considerado um dos Doutores da Igreja, contribuiu para a popularização e a consolidação do catolicismo. Conta-se que se refugiava no deserto para traduzir a Bíblia longe do mundo pecaminoso.

Contudo, alguém poderia perguntar: se a verdade já está dada na Bíblia, para que serve então a filosofia? Eminentes pensadores cristãos também se fizeram essa pergunta. Agostinho (354-430), por exemplo, responderia que fé e razão são complementares. Já Tomás de Aquino (1225-1274) diria que a verdade da Revelação está dada desde sempre, isto é, desde o advento do cristianismo, e a verdade é Deus, um ser cuja essência só pode ser compreendida pela fé. A fé é, pois, o elemento constitutivo da verdade. É através da aceitação dos mistérios de Deus e de uma vida conformada por eles que o fiel chega à verdade.

A questão fundamental para muitos filósofos do cristianismo estava em saber por que se crê e por que é preciso crer nessa verdade. Para Tomás de Aquino, conhecer racionalmente os dogmas revelados é melhor que simplesmente apreendê-los só pela fé. Por isso a filosofia é útil; ela serve de instrumento racional nos assuntos de fé. Na verdade, *filosofar* só faz sentido, aqui, se se quer *teologizar*. Pois é sempre para confirmar, é sempre para dar coerência racional aos mistérios revelados que se busca "filosofar", isto é, teologizar.

2) O fato de a filosofia, a partir do cristianismo, estar subordinada à Revelação bíblica e à teologia teve sérias implicações no tratamento de muitos temas que tradicionalmente faziam parte do trabalho filosófico de pensamento. Um deles é o tema da felicidade. A filosofia deixa de ser vista como instrumento adequado de busca ou do próprio gozo da felicidade. Pois, agora, assim como a Verdade e o Bem, a felicidade se encontra na palavra de Deus revelada nos textos sagrados, e não mais nos "textos humanos". Ou seja: a felicidade está em Deus, na fé, na Bíblia, e não no exercício da potência da mente humana e na virtude daí decorrente. Mas precisamos entender melhor tudo isso.

O cristianismo trabalha com a ideia de um Deus criador. No *Gênesis*, o fato fundamental da Criação é o homem. Após criar todas as coisas, Deus cria um homem, Adão, e uma mulher, Eva, como seres dotados de inteligência e vontade livre (ou livre-arbítrio). Foi essa vontade livre que levou Adão a pecar, ao comer do fruto da árvore do conhecimento do bem e do mal. É a chamada Queda adâmica. A partir daí, o mundo e tudo que pertence ao *corpo*, à "carne", enfim, ao mundo material, torna-se lugar de pecado e sofrimento. Logo, a salvação e a felicidade plena não podem estar no gozo das coisas *deste* mundo, mas apenas na *virtude da alma* (que no limite será a própria *santidade*) e na *eternidade*. Como alcançá-las?

Para os cristãos, o Messias, Jesus Cristo, veio ao mundo para redimir os homens do pecado original, libertar e salvar toda a humanidade. É só através de Cristo que o homem encontra a salvação: "Eu sou o Caminho, a Verdade e a Vida" (João 14, 1-14) e "Ninguém vem ao Pai senão por Mim" (João 14, 6). Assim, a salvação exige uma conversão da alma ao cristianismo. Mas essa conversão é só um meio, *neste mundo*, para alcançar a plena felicidade, após a morte, no outro mundo, na *eternidade*.

Por mais que um cristão possa se considerar feliz pelo simples fato da conversão de sua *alma* a Cristo, seu *corpo* continua a fazer parte *desta* vida, *deste* mundo, no qual as coisas são motivos para a tentação e o pecado. Situações passageiras, efêmeras, próprias do gozo das coisas neste mundo não levam à plena felicidade. Ela só pode estar no *além*, no mundo da *eternidade* divina.

Agostinho e a felicidade da graça

No século I, por volta dos anos 44 e 45, o estoico Cícero publicou um livro chamado *Ortensio*, no qual faz um elogio à filosofia como arte de viver e como amor à sabedoria. Infelizmente, essa obra não chegou até nós. Mas Agostinho, três séculos mais tarde, leu-o quando tinha ainda 19 anos. Nessa idade, o cristianismo já tinha sido inoculado na alma daquele que seria um dos mais influentes pensadores cristãos, autor de obras famosas como *Confissões* e *A cidade de Deus*.

Para Agostinho, ao lado do elogio à filosofia e à sabedoria, faltava, no *Ortensio*, o nome de Cristo. Em suas *Confissões*, ele escreve, sobre sua juventude e seu contato com Cícero: "Qualquer escrito que se apresentasse a mim sem esse nome, por mais literário, burilado e verdadeiro que fosse, não conseguia conquistar-me totalmente" (Agostinho, 1984, p. 63-64).

Profundamente tocado pela fé cristã, Agostinho estava disposto a ler os escritos filosóficos, mas sem Cristo tais textos não o satisfaziam. Para ele e muitos outros pensadores da Idade Média, a filosofia sem a teologia, ou a razão sem a fé, não fazia o menor sentido. É desse modo que ele lê, por exemplo, Platão: adaptando-o aos dogmas cristãos e católicos. Platão, aliás, exercerá enorme influência sobre todo o pensamento da Idade Média. Em Agostinho, o dualismo platônico entre corpo e alma e entre mundo sensível e mundo inteligível é levado ao extremo. Isso fica claro justamente quando analisamos, em seu pensamento, o tema da felicidade.

De fato, a conquista da felicidade, em Agostinho, passa por uma luta entre a alma, de um lado, e o corpo e as coisas materiais, de outro. Para ele, o problema não estava nas coisas e nos bens materiais ou mundanos que afetam o corpo. Agostinho, como, aliás, todo cristão, acreditava em um Deus absolutamente perfeito. Se Deus é perfeito e criador de todas as coisas, estas também devem ser perfeitas. Cada uma delas é um *bem*, porque fruto da ação do Criador, que é em si mesmo o Bem. No entanto, as coisas criadas comportam graus de perfeição; por isso elas são bens *relativos*, enquanto Deus é o Bem absoluto. O que prova que são bens relativos é o fato delas serem mais ou menos corruptíveis, enquanto Deus é eterno, não podendo perecer ou se corromper.

Mas se tudo o que Deus criou é bom ou é um bem, onde está o mal? O mal, para Agostinho, não existe em si mesmo, não tem substância; se tivesse, seria algo, uma "coisa", uma essência, e teríamos de admitir que o Ser Perfeito criou o mal, já que Deus é criador de todas as essências ou da essência de tudo que há. Logo, o mal não existe (Agostinho, 1984, p. 176-177). Se, porém, o mal não existe, de onde vem a infelicidade? O problema, para Agostinho, estava na alma e na livre vontade de que o homem é dotado. Esse mal persegue o homem desde a Queda de Adão, cujo livre-arbítrio causou o primeiro pecado da humanidade, o Pecado Original. É a livre vontade do homem que o faz buscar as coisas corruptíveis, os bens relativos, em vez de se dedicar ao sumo Bem, Deus. É a vontade que perturba sua inteligência e o faz confundir o relativo com o Absoluto, gerando toda a infelicidade que os bens relativos comportam porque perecem e se corrompem.

Para Agostinho, a felicidade requer a conversão total a uma vida dedicada a Deus. Mas como "Ninguém vem ao Pai senão por Mim", a felicidade exige uma conversão ao cristianismo. Não se trata, no entanto, de uma plena felicidade. Pois esse mundo continua sendo o lugar das coisas efêmeras, passageiras e corruptíveis, de modo que ninguém pode ser realmente feliz *neste mundo*. A felicidade cristã é uma promessa para a eternidade.

> Agostinho considerava que a felicidade gozada por aquele que se converte ao cristianismo é apenas uma "pálida imagem" da felicidade eterna de que gozará o cristão após a morte e o Juízo Final.

O problema é que a conversão ao cristianismo, como mostrara a experiência do próprio Agostinho, não depende da livre vontade do fiel: ela é vista como Graça divina. Esta, contudo, é, por definição, um dom, uma dádiva atribuída por Deus. Sua fonte é não só metafísica, mas também em alguma medida misteriosa, pois nós desconhecemos os planos de Deus. Como indica a origem etimológica do termo – *gratiis*, isto é, "gratuitamente" ou "pelas graças de" –, a graça é dada por alguém, sem necessidade de um motivo ou mesmo imerecidamente. Para Agostinho, a Graça era *necessária* para a salvação do fiel, pois se a simples presença do livre-arbítrio basta para o homem cair em pecado, ela não basta para que ele se salve: por si só, por sua vontade própria, mesmo que deseje a santidade com todo o ardor, o homem não é capaz de se salvar; ele necessita sempre da intervenção divina da Graça.

Essa teologia da Graça implica que a felicidade plena não pertence a este mundo, ela depende da vontade insondável e misteriosa de Deus. Isso significa que o esforço e o trabalho humanos, aliados ao uso da razão e da sabedoria, próprios do ato de filosofar, não culminam no gozo da felicidade. Mais que da filosofia, a felicidade cristã, em Agostinho, depende da fé e, principalmente, da Graça.

Mas se é assim, qual o lugar e a importância da própria filosofia em Agostinho?

Na esfera existencial e ética, a fé e a Graça libertam o fiel dos bens relativos, isto é, dos bens finitos e perecíveis, pelos quais o corpo se corrompe e peca. Convertido pela fé e finalmente liberto pela Graça, o cristão se volta para Deus, para o qual dedica todos os atos de sua vida, exercendo um amor que Agostinho, seguindo São Paulo, chamava de *caridade*. Na esfera do conhecimento, a filosofia afasta o filósofo cristão do conhecimento das coisas sensíveis e corporais, direcionando seu intelecto para o inteligível. Em Agostinho, isso equivalia a passar da ciência, conhecimento empírico das coisas exteriores, para a sabedoria, conhecimento de Deus e da alma interior. Aqui, vemos o quanto era forte a presença de Platão no pensamento de Agostinho: a razão é uma só, mas pode se exercer no conhecimento de coisas sensíveis e individuais ou pode, como escreve o medievalista Étienne Gilson, "elevar-se progressivamente à contemplação intelectual das Ideias" (GILSON, 2001, p. 156). Ora, a ideia por excelência a ser contemplada é, como queria Platão, a do Bem, ou seja, a do próprio Ser Perfeitíssimo que é puro Espírito: Deus.

Podemos agora responder a pergunta anteriormente formulada. A filosofia, em Agostinho, é exercício de ascese espiritual. Ela afasta do sensível e permite alcançar a ideia do Bem supremo. Tal exercício não poderia ser levado adiante, com êxito, sem a presença da Graça. E é essa a vantagem do filósofo cristão: sua prática filosófica ascética é inteiramente sustentada pela Graça divina, que só o convertido pode receber. Os filósofos pagãos haviam dito coisas belas sobre a filosofia e a sabedoria humanas, admitia Agostinho, mas não conseguiam realizar na prática aquilo que postulavam como necessário. Faltava-lhes a conversão e a Graça, algo que o verdadeiro filósofo cristão tem ou pode ter. Quando ele as possui, goza da *beatitude*, ou seja, da felicidade. A filosofia, portanto, quando apoiada pela fé, pela conversão e pela Graça, era ela mesma uma forma de felicidade, ainda que fosse uma "pálida imagem" da felicidade a ser recebida no Céu.

O filósofo medievalista Étienne Gilson, em uma passagem sobre o pensamento de Agostinho, resume bem essa ideia de ser cristão como condição para que o filósofo alcance a sabedoria e a felicidade:

> Enquanto a concupiscência leva-a [a vontade] a em direção aos corpos, como se fossem eles seu centro de gravidade, a caridade leva-a a gravitar em direção a Deus para aderir a ele, desfrutá-lo e encontrar nele sua beatitude. É nisso que cristão se mostra verdadeiramente filósofo, pois o que os pagãos disseram que é necessário fazer, sem serem capazes de fazê-lo, ele faz. A única razão de filosofar é ser feliz; só quem é verdadeiramente feliz é verdadeiramente filósofo, e só o cristão é feliz, porque só ele possui o verdadeiro Bem, fonte de toda beatitude, e que ele possuirá para sempre. (GILSON, 1995, p. 156)

Tomás de Aquino e a felicidade incompleta

Outro grande pensador que teve enorme influência sobre o pensamento cristão medieval foi Tomás de Aquino (1225-1274). Se o pensamento de Agostinho foi profundamente influenciado por Platão, a obra de Tomás de Aquino recebeu sobretudo a influência de Aristóteles, embora haja muito de platonismo em seu pensamento.

Por terem sido influenciados por filosofias diferentes, suas concepções de felicidade também apresentam pontos diversos. Porém, por serem ambos cristãos, suas noções de felicidade concordam no essencial: a felicidade está em Deus, isto é, em Cristo; e depende Dele, isto é, de sua Graça.

Aristóteles afirmava que tudo o que é e age o faz em vista de um fim, e age ou irracionalmente (como no caso das plantas e dos animais) ou através da vontade racional (como no caso do homem).

O *fim* é, portanto, *causa* da ação. Por exemplo: posso ter tijolos, cimento, pedra, etc. para construir uma casa (é o que Aristóteles chamava de "causa material"); podemos ter a força para construí-la (o que ele chamava de "causa eficiente" ou "motriz"); posso, ainda, ter a ideia ou a forma da casa em minha mente (o que ele chamava de "causa formal"); mas ainda assim a casa não será construída se não houver outra causa, sem a qual nada é feito: a "causa final", que nesse caso seria, por exemplo, a necessidade de ter um lugar para morar (construo a casa *para* ou *com o fim de* morar nela e me abrigar).

Por que as coisas agem, em um sentido geral, segundo Aristóteles? A pergunta precisa ser feita porque deve haver uma causa final última que leve as coisas a agirem. Que finalidade é essa? Em primeiro lugar, é a busca de perfeição: todo ser aspira a realizar plenamente sua essência, a plena identidade consigo mesmo. Por exemplo, a semente visa se transformar em uma árvore completa, com flores e frutos. Para Aristóteles, a forma "árvore" já está contida em potência na semente. O que acontece quando a realização se completa? Teoricamente, o ser alcança uma imobilidade. Assim, todas as mudanças visam atingir a identidade e a imobilidade; através da mudança o ser se aproxima mais e mais de sua forma ou essência perfeita. Todo movimento, em Aristóteles, tende a resultar em uma imobilidade: no fim, o movimento termina. A perfeição é a imobilidade. O modelo perfeito dessa imobilidade é o Divino, o Primeiro Motor Imóvel, que ele chamava de *Théos*, palavra que a tradição medieval traduzirá por "Deus". Portanto, ao buscar realizar sua própria perfeição, cada ser busca imitar o divino.

Tomás de Aquino interpretou essa reflexão aristotélica assim: todo ser aspira a Deus, no qual está a finalidade sobrenatural que comanda a vida de todo e qualquer ser, já que Deus é o criador de todas as coisas. O homem, portanto, tende a Deus (ou ao Bem, como diziam Platão e Agostinho), causa final de toda ação. Isso significa que, se todo homem busca a felicidade, ela só pode estar em Deus, que é o fim último de toda existência. Mas como essa felicidade se realiza?

Uma semente alcança sua perfeição ao se tornar árvore com folhas, frutos e flores. E o homem? O que o distingue do resto da criação é que ele é dotado de inteligência e vontade. O homem é um animal *racional*, dizia Aristóteles, e Tomás de Aquino concordava. Portanto, o homem se realiza plenamente quando volta sua alma e seu intelecto para o conhecimento e a contemplação de Deus.

Em Aristóteles, contudo, a contemplação intelectual podia ser realizada plenamente, porque o *Théos* aristotélico era, em princípio, completamente inteligível, ou seja, podia ser conhecido pelo homem. Logo, uma felicidade humana plena era concebível, do ponto de vista de Aristóteles.

Tomás de Aquino, porém, é um cristão, e como tal acreditava em um Deus absolutamente transcendente e sobrenatural, um Deus que era não só *motor* das coisas, mas *criador* delas. No fim das contas, o homem não consegue contemplar e conhecer completamente Deus, neste mundo, porque Deus, criador do mundo, está fora dele. Assim como a obra realizada é exterior ao arquiteto que a concebeu, Deus também está fora do mundo por ele criado. Essa transcendência de Deus colocava um problema para o conhecimento de Deus e, consequentemente, para a conquista da felicidade.

No parágrafo 4 do Livro Sexto da *Metafísica*, Aristóteles afirmara que "o verdadeiro e o falso não se encontram nas coisas [...] mas só no pensamento" (ARISTÓTELES, 2002, p. 281). O que significa essa afirmação? Quando, por exemplo, percebemos um cavalo ou simplesmente dizemos "cavalo", tanto a percepção quanto o ato linguístico não são verdadeiros nem falsos, pois a verdade está no juízo sobre a coisa (no caso, cavalo). Se pensamos "Este cavalo está ali" ou dizemos "Este cavalo é amarelo", então formamos juízos, unindo sujeito e predicado. Tais juízos podem ser falsos ou verdadeiros. Nesses exemplos, a verdade ou a falsidade do juízo estará na correspondência entre o conteúdo do pensamento e o objeto fora do intelecto: se de fato *este* cavalo *está ali*, então a primeira ideia é verdadeira; se de fato *este* cavalo *não é amarelo*, então a segunda ideia é falsa.

Tomás de Aquino, também aqui, segue o filósofo (Aristóteles), mas introduz uma modificação importante: as verdades e as falsidades no intelecto humano dependem da existência e da veracidade do intelecto de Deus, porque a fonte, a causa e razão de todas as coisas e todas as ideias é Deus. Se não sabemos com fé e certeza que Deus existe, não podemos ter certeza absoluta de nada que concebemos. Quando fazemos um juízo geométrico simples como: "O triângulo tem três lados", sabemos que é verdadeiro, se sabemos o que é um triângulo. Mas mesmo dessa verdade não poderíamos realmente ter certeza, para Tomás, se não soubermos que existe um Criador de todas as verdades, Deus, que é Perfeito e Bom e que portanto não me engana em meus juízos verdadeiros. Fonte de todas as verdades formadas pelo intelecto humano, Deus deve existir e ser veraz. E esse é um fato que, segundo Tomás, podemos apreender pela fé e demonstrar pela razão. Mas só após essa apreensão e essa demonstração podemos realmente estar certos de nossas "certezas".

Contudo, se a *existência* do Deus veraz pode ser demonstrada racionalmente, sua *essência* não pode ser conhecida, precisamente porque, sendo transcendente, a essência divina escapa aos nossos juízos. Na *Súmula contra os gentios*, Tomás escreve: "A inteligência humana é incapaz, pelas suas próprias forças, de apreender a substância ou essência íntima de Deus" (TOMÁS DE AQUINO, 1996, p. 133). De onde vem essa incapacidade? É que o ponto de partida de todo conhecimento são as coisas sensíveis (este cavalo, esta pedra), e Deus é um ente suprassensível, isto é, acima e além de qualquer sensibilidade. Ele não é corporal, não é uma composição de forma e matéria; é "puro ato de ser", como afirma Tomás na Parte I da *Suma de Teologia* (TOMÁS DE AQUINO, 2009, p. 114-116).

Há verdades em Deus, segundo Tomás, que podemos conhecer, mas há Nele coisas que ultrapassam a razão humana. No capítulo III da *Súmula contra os gentios*, ele escreve:

> Com efeito, existem a respeito de Deus verdades que ultrapassam totalmente as capacidades da razão humana. Uma delas é, por exemplo, que Deus é trino e uno. Ao contrário,

existem verdades que podem ser atingidas pela razão: por exemplo, que Deus existe, que há um só Deus etc. Estas últimas verdades, os próprios filósofos as provaram por via demonstrativa, guiados que eram pelo lume da razão natural. (TOMÁS DE AQUINO, 1996, p. 133)

Alguns intérpretes da obra de Tomás chegam a afirmar que, se é impossível conhecer plenamente Deus, é porque, na verdade, Ele não tem propriamente essência: um cavalo, uma pedra, um homem têm essências, são algo, têm ser. Deus, porém, é o próprio Ser, ou, como insiste Tomás, "ato puro de ser". As coisas, as essências participam do ser, *têm* ser, enquanto Deus *é* o Ser. Sabemos que *Deus é*; mas não sabemos exatamente *o que Ele é*. Desconhecemos sua "essência". Deus é inteligível, mas *incompreensível*.

Esse aspecto da metafísica de Tomás de Aquino pode ser mais bem compreendido se lembrarmos que ele tem sempre por referência os textos sagrados bíblicos, nos quais várias passagens mostram Deus como misterioso e ininteligível para a razão. Mas é também compreensível no interior da história da filosofia. De fato, desde Sócrates e Platão, conhecer uma coisa é encontrar sua definição verdadeira, a qual exprime no pensamento a essência íntima da coisa, isto é, aquilo sem o que a coisa não pode ser o que ela é. E desde Aristóteles, conhecer a essência de uma coisa é conhecer sua causa. Ora, o Deus de Tomás nem tem propriamente essência (Ele é "ato puro de ser") nem tem causa: Deus é a causa primeira de todas as coisas, mas é ele mesmo incausado. Logo, não pode ser conhecido em sua "essência íntima".

A razão humana, portanto, é incapaz de atingir o conhecimento da essência divina. É por isso que Tomás de Aquino acreditava que a fé deveria guiar a razão, pois só ela pode vislumbrar o que a razão é incapaz de ver. Mas se é assim, o homem não pode ser *completamente* feliz nesta vida, neste mundo. *Aspirar a Deus* é desejar uma transcendência que

> não pode ser realizada neste mundo. A finalidade última da existência é Deus, mas Deus é sobrenatural, isto é, está acima e fora da natureza, do mundo; logo, a natureza mesma de Deus é insondável, inatingível pela razão, e a felicidade – que está em conhecê-lo e contemplá-lo – não pode ser *plenamente* realizável neste mundo. É uma felicidade incompleta.

*　*　*

Os pensamentos de Agostinho e Tomás de Aquino constituem dois grandes momentos de uma teologia medieval que durou mais de mil anos. Como se verá adiante, as transformações históricas de monta que tiveram lugar no fim da Idade Média, principalmente a partir dos séculos XIII e XIV, abalaram o grande edifício do pensamento teológico e político medieval. Era o rosto da Modernidade se insinuando no horizonte do tempo. Com a chegada do mundo moderno, os homens retomarão os antigos legados clássicos e helenísticos. Arte, filosofia, política, ciência... tudo ganhará novos ares e novos rumos.

Nesse novo contexto, o tema da felicidade voltará a ser uma questão humana, do nosso mundo e da nossa vida.

Sugestão de filmes:

SANTO Agostinho. Direção: Roberto Rossellini. Itália, 1972. 115 min., son., color.

Filme sobre a vida de Agostinho, particularmente sobre o período em que se tornou bispo de Hipona (atualmente cidade de Annaba, na Argélia, país situado ao norte da África). Hipona era muito importante, na época, porque abrigava a sede do episcopado católico. O filme é muito bom para termos uma ideia do contexto teológico-político do momento em que, nos inícios da Idade Média, a Igreja se tornara, havia algumas décadas, religião oficial do Império Romano, mas os conflitos entre pagãos e católicos ainda não haviam cessado. Ponto culminante do filme é o momento em que, em 410, os visigodos saqueiam Roma por três dias, marcando o declínio do Império Romano, que será atribuído aos cristãos, gerando novamente algumas perseguições e conflitos. Mas o filme também é importante por retratar o contexto em que foram escritas as duas grandes obras de Agostinho: *Confissões* e *A cidade de Deus*.

EM NOME de Deus: a história de Abelardo e Heloísa. Direção: Clive Donner. Inglaterra, 1988. 115 min., son., color.

Outro filme interessante, que, ao contrário do anterior, passa-se mais ou menos no auge da Idade Média, nos séculos XI e XII. Com base em uma famosa carta autobiográfica de Abelardo, intitulada *A história das minhas calamidades*, bem como em algumas cartas trocadas com Heloísa, o filme retrata bem o contexto das disputas teológicas, a moral cristã e, evidentemente, a relação do teólogo com Heloísa, que resultou na trágica castração de Abelardo, a mando do tio e protetor da jovem. O que é interessante nessa história real é a interpretação que o próprio Abelardo dá a sua castração: ele vê o ato como expressão da bondade de Deus, porque isso pusera um fim a seu orgulho de ser um grande teólogo, assim como o tornara menos sensualista. Ou seja, ele vê o ato como justa punição pelos pecados do corpo (suas relações eróticas com Heloísa) e da alma (seu orgulho intelectual). Sua interpretação, na verdade, baseia-se na oposição cristã entre dois mundos: o mundo celeste, divino, lugar da pureza e felicidade das almas, e o mundo terreno, lugar da impureza e da tristeza dos corpos pecaminosos. Sua castração, ele acreditava, tivera o dom de o redirecionar para Deus, para o mundo celeste, no qual era possível viver uma vida casta e humilde.

Sugestão de documentário:

DESVENDANDO o pensamento medieval. Partes 1 e 2. Produção: Robert Bartlett. Londres, 2008. 56 min., son., color. Disponível em: <http://www.youtube.com/watch?V=hygm0pkjm08>. Escrito, produzido e apresentado pelo historiador e medievalista Robert Bartlett, professor da Universidade de Saint Andrews (Escócia), esse documentário é recomendável sobretudo como recurso didático para se adentrar um pouco a atmosfera da vida na Idade Média. A vida familiar e as estruturas de parentesco; o sexo e as relações de poder; as crenças e o conhecimento; o papel dos santos e os costumes religiosos como as grandes peregrinações – de tudo isso o documentário trata um pouco, servindo de breve mas útil introdução à história da Idade Média.

CAPÍTULO 4
A FELICIDADE ENTRE OS FILÓSOFOS MODERNOS

O renascimento do homem (contexto histórico)

A Idade Média durou mais ou menos mil anos (de meados do século V a meados do século XV, como dizem os historiadores). Foi um longo período em que todo o Ocidente se viu sob o domínio de Deus, da Igreja, do papa e dos senhores feudais (incluindo os reis). A partir do século XIV, principalmente, o sistema feudal começaria a entrar em colapso. Contribuíram para isso tanto os fatores externos, como a chamada Revolução Comercial, quanto os internos, como as revoltas camponesas. Embora muito lentamente, novas formas de agir e pensar foram gestando novas maneiras de viver. Nesse novo marco histórico, mais tarde intitulado de "Idade Moderna", o ato de filosofar também foi se alterando; novas concepções de felicidade foram apresentadas e sustentadas.

Essas crises foram engendradas no interior do próprio feudalismo. Os historiadores situam no século XII o período das grandes transformações que acabariam por levar da Idade Média à Modernidade. O medievalista francês Georges Duby chega a falar em "Renascimento do século XII", enfatizando os aspectos econômicos dessas transformações e suas "repercussões nas representações mentais" do período (Duby, 1989, p. 146). Segundo ele, a Europa Central, principalmente a França, testemunhou a generalização do uso da moeda como meio geral de troca; o enorme aumento da extensão de terras cultivadas; um grande crescimento demográfico, particularmente a partir de 1170; e, por fim, o desenvolvimento do fisco, isto é, a cobrança de impostos (DUBY, 1989, p. 144).

Todos esses fatores proporcionaram um grande "progresso geral", do qual quem mais se beneficiou, segundo Duby, foram as aristocracias laicas. Foi nesse momento que elas viram seu poder social e econômico aumentar. Favorecidas pela expansão agrícola (maior produtividade), pela expansão demográfica (mais mão de obra disponível), pela generalização do uso da moeda (facilitação das trocas comerciais) e pelo desenvolvimento do fisco (organização do processo de arrecadação de impostos), tais aristocracias passaram a gozar de maior prestígio social e luxo material. Georges Duby resume o que há talvez de essencial nesse processo de mudanças cruciais:

> Essa expansão do consumo aristocrático estimulou o artesanato especializado e o comércio. Ela favoreceu o desenvolvimento urbano, muito vigoroso na França do século XII, a tal ponto que nos dois últimos decênios desse século, vemos, nessa parte da cristandade, os polos de desenvolvimento transferirem-se para as cidades. Doravante, a cidade ultrapassa o campo, domina-o, explora-o. Isso garantiu a ascensão de dois grupos sociais, a elite da burguesia mercantil e o corpo dos servidores dos grandes senhorios. Essa gente enriqueceu. Alguns se tornaram mais abastados que muitos nobres. Mas seu ideal continuou sendo integrar-se à nobreza rural, ser admitido no seio dela, compartilhar de suas maneiras de viver e de sua cultura. (DUBY, 1989, p. 144-145)

Transformações econômicas (expansão da moeda e das terras cultivadas), sociais (crescimento demográfico, fortalecimento da nova aristocracia, surgimento das primeiras cidades) e políticas (desenvolvimento do fisco através de instâncias juridicamente legítimas) estão entre os fatores que levaram, mais tarde, à emergência da Modernidade propriamente dita. Em retrospectiva, poderíamos ver aí os embriões tanto da moderna burguesia quanto do capitalismo e dos trabalhadores que migrarão do campo para a cidade, constituindo nela o grosso da mão de obra livre assalariada. Poderíamos ver também aí as raízes do Estado moderno.

De fato, ao lado das cidades e do comércio, emergirá uma nova forma de poder político: as monarquias nacionais, organizadas em torno de reis cujo poder abarcava tanto os senhores feudais locais quanto as próprias cidades, unificando-os sob um mesmo poder. É quando começam a surgir os grandes Estados europeus (Portugal, Espanha, Inglaterra, França, Itália e Alemanha), cujo processo de unificação e consolidação só se completará no século XIX, quando os territórios do que hoje formam Itália e Alemanha se unificaram.

Mas a passagem da Idade Média à Modernidade foi lenta e difícil. Levou centenas de anos (vinha acontecendo, como vimos, desde o século XII), e durante esse tempo muitos eventos aconteceriam, antes que o humanismo renascentista se afirmasse, no decorrer dos séculos XV e XVI.

Um bom exemplo das dificuldades enfrentadas nesse processo de mudança histórico-social, econômica e cultural é o do filósofo italiano e o frade dominicano Giordano Bruno (1548-1600). Não foi pequeno o preço que ele pagou por ter concebido novas ideias. Ele defendia

Figura 10. Luneta do século XVI

As lunetas já eram utilizadas havia muito tempo, mas o astrônomo e filósofo Galileu (1654-1642), segundo vários historiadores, foi o primeiro a apontá-la para o céu, com o objetivo de estudar as estrelas e os planetas. A partir de Galileu, as lentes das lunetas (protótipos dos atuais telescópios) foram aprimoradas com essa finalidade, dando impulso ao campo da moderna astronomia. Os trabalhos de Galileu vieram confirmar a tese heliocêntrica de Copérnico. Além disso, para muitos astrônomos, as novas observações também confirmavam as teses de muitos filósofos – antigos e renascentistas – segundo os quais o universo é infinito. A ideia de infinito, de fato, aparece nas obras de vários filósofos modernos, como Leibniz e Espinosa.

uma noção panteísta de divindade, em que Deus habitava cada coisa no universo, animando-as como uma força imanente a elas. Além de ter identificado Deus e o universo como sendo uma só e mesma coisa, ele partilhava da teoria heliocêntrica de Copérnico. Para Bruno, o universo era algo infinito, e a Terra não ocupava seu centro, como defendiam os antigos. Defendia, ademais, uma "magia natural", entendida como conhecimento a ser exercido através da mente racional, que, por sua vez, era considerada capaz de desvendar os segredos do universo, ou seja, de Deus. Por defender um pensamento contrário à teologia em voga, Giordano Bruno foi torturado e condenado à morte pela Igreja. Assim como ocorria com todos aqueles que eram acusados de bruxaria, ele também foi queimado em praça pública.

Para os objetivos deste livro, cabe reafirmar: é nesse contexto de profundas transformações sociais, políticas, econômicas, culturais e filosóficas que se inicia uma nova era, dotada de uma nova mentalidade (da qual Giordano Bruno foi um grande exemplo) e de um novo lugar no mundo para o homem. O abalo das estruturas do sistema feudal significou que o poder teológico-político das elites eclesiásticas já não podia ser exercido sem oposição ou contestações. Novos atores sociais entravam em cena, principalmente as emergentes burguesias mercantis.

É verdade que, aos poucos, aquilo que poderíamos chamar de "servidão a Deus" dará lugar à "servidão ao dinheiro". As burguesias mercantis e as novas aristocracias leigas estabelecerão outras formas de exploração do homem, seja na cidade, seja, sobretudo, no campo. Todavia, no que concerne ao poder da Igreja, os homens se tornaram então mais livres, tanto no campo quanto nas cidades. Surgiram, no seio da Igreja Católica, as reformas religiosas, assentadas na ideia da livre interpretação da Bíblia, o que deu origem a várias seitas protestantes. Além disso, os segmentos mercantis ganharam maior importância econômica e política. O poder dos reis sobre o campo e as cidades se autonomizou em relação ao poder da Igreja, e ainda que isso viesse a trazer uma nova forma de dominação (as monarquias absolutistas), representou um momento em que a política era devolvida ao mundo humano, abrindo assim possibilidades de novas conquistas políticas, como se verá mais tarde, com as grandes revoluções surgidas a partir do século XVIII. Mais: as próprias universidades, nascidas também no seio da Igreja por volta do século XII, desenvolveram-se a ponto de o conhecimento se direcionar contra os dogmas teológicos, abrindo caminho para a ciência. Enfim, no meio disso tudo, artesãos e artistas passaram a produzir artefatos e obras de artes nas quais se revelava o poder da criatividade humana.

Entre os tantos desdobramentos das mudanças aqui mencionadas, destacamos o fim do teocentrismo e o nascimento do antropocentrismo. Ao atribuir ao homem um lugar central nas diversas esferas de produção da vida (história, política, economia, artes, conhecimento, etc.), essa teoria lhe confere um papel ativo, distante, pois, da subordinação aos poderes de Deus, conforme postulavam os filósofos da Idade Média. É por isso que os historiadores designaram esses momentos iniciais da Modernidade de *Renascimento*.

Um exemplo que ilustra bem essa transformação é um projeto de aeroplano elaborado pelo artista italiano Leonardo da Vinci (1452-1519), que, além de exímio pintor, foi também matemático, cientista, engenheiro, inventor, escultor, anatomista, arquiteto, poeta e músico. Esse desenho é uma obra representativa do humanismo renascentista, pois ilustra o desejo do homem de se dar a si mesmo, e por suas próprias forças e sua imaginação, aquilo que nem Deus nem a natureza lhe deram: asas para voar. Representa, também, o

Figura 11. Avião esboçado por Leonardo da Vinci

Neste desenho de Leonardo da Vinci, vemos um projeto de aeroplano, sem dúvida uma ideia precursora das modernas asas-deltas.

nascimento da ciência, pela qual o homem, desde então, irá criar diversas tecnologias, superando, às vezes, os limites impostos pela natureza (como, no caso, a ausência de asas para voar). Representa, enfim, a afirmação do homem e da razão humana como criadora e inovadora – no limite, independentemente de Deus.

Na filosofia, tais transformações acarretaram mudanças importantes. Em primeiro lugar, valorizar o humano significou valorizar a razão, o pensamento calcado em uma lógica causal. Durante o humanismo renascentista, nas primeiras tentativas de emancipação em relação ao pensamento medieval (sobretudo escolástico), astronomia e astrologia, química e alquimia, matemática e numerologia mística, filosofia e teologia ainda estavam misturadas, mas já estava em curso o processo de separação e autonomização dessas áreas. Ainda que lentamente, a filosofia começava a se emancipar da teologia, da fé e da Revelação.

Em segundo lugar, e por isso mesmo, foi preciso retornar à Antiguidade Clássica e ao helenismo para reencontrar o pensamento filosófico em seu vigor, antes que as lentes da fé religiosa tivessem sido postas sobre ele. Contudo, isso não significa que no Renascimento tudo era uma cópia dos antigos: as ideias e os ideais serão agora transformados segundo as culturas da época. A maior parte dessas culturas, ademais, esteve por muito tempo impregnada da visão religiosa do mundo para que pudesse se emancipar dela da noite para o dia. No caso do pensamento filosófico ocidental, por muito tempo ainda a retomada do legado dos antigos seria feita através de lentes judaico-cristãs.

Enfim, em terceiro lugar, temas como o da felicidade serão tratados pela filosofia da maneira o mais racional possível. Como dito anteriormente, em consonância com os interesses humanistas da época, a felicidade voltará a ser pensada como assunto que concerne à vida humana *neste* mundo.

Bacon e Descartes: razão, ciência e felicidade

Muitos historiadores da cultura e do pensamento filosófico consideram que o inglês Francis Bacon (1561-1626) é sem dúvida o pai da Modernidade. Ele foi um dos primeiros a defender sistematicamente que o conhecimento não deveria se basear em especulações metafísicas, mas sim em pesquisas empíricas. Para ele, as conclusões da "filosofia natural" (nome que ele dava ao que hoje chamamos de "ciência") deveriam se apoiar na observação e na análise de fenômenos naturais. Conhecer, para ele, era compreender a natureza tal como ela é. Bacon foi um defensor ferrenho da ciência. Mais que isso, ele acreditava que através do conhecimento da natureza o homem poderia dominá-la visando a seu próprio bem estar. A ciência era, portanto, um meio pelo qual o homem e a sociedade poderiam alcançar a felicidade, tanto individual quanto coletiva.

Em sua defesa da ciência, ou filosofia natural, Bacon, como muitos outros filósofos modernos, pensava como um cristão. No final do segundo livro do *Novum Organum*, ele escreve: "Pelo pecado o homem perdeu a inocência e o domínio das criaturas. Ambas as perdas podem ser reparadas, mesmo que em parte, ainda nesta vida; a primeira com a religião e com a fé, a segunda com as artes e com as ciências" (BACON, 1973b, p. 236).

O pecado a que ele se refere é a Queda de Adão, o Pecado Original, que, na teologia judaico-cristã, teria condenado para sempre toda a humanidade. Bacon acreditava que a ciência deveria permitir a recuperação de um poder perdido, "o domínio sobre as criaturas". Antes da Queda, a mente humana tinha o poder de ser um espelho perfeito que refletia a natureza tal como ela era, sem deformações, desvios ou superstições (BACON, 2007, p. 21). O objetivo máximo do conhecimento seria o de restaurar e recuperar esse poder sobre as coisas naturais, que são as obras de Deus.

Para isso, Bacon propunha que não bastava *contemplar* a natureza; seria preciso, como ele dizia, "atormentá-la", agir sobre ela, dominando-a para produzir novos efeitos, isto é, novas "tecnologias" úteis à vida dos homens. Pela ciência, ou filosofia natural, na visão de Bacon, o homem deve então conhecer a natureza tal como ela é, racionalmente e sem preconceitos, para ter sobre ela o mesmo poder que ela tem de produzir as coisas. Desse modo, o homem poderia ter o máximo de controle sobre a vida. E assim, a ciência, para Bacon, seria o melhor meio de que o homem dispunha para alcançar a felicidade *neste* mundo.

Em uma fábula chamada *Nova Atlântida*, Bacon imaginou um Estado onde reinaria a felicidade dos homens. Nesse Estado ou cidade, haveria um local de saber, que ele chamou de Casa de Salomão, no qual trabalhariam os vários sábios cientistas. Responsáveis por toda a organização da vida econômica e social, eles conheceriam as leis da natureza para dominá-la a ponto de produzir os efeitos sociais e econômicos necessários à felicidade humana (BACON, 1973a).

Se Bacon apostava na ciência e na razão como instrumentos de conhecimento e controle da natureza para obtenção de fins que servissem à vida prática é porque ele partilhava da ideia de

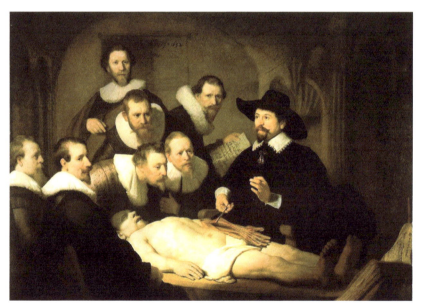

Figura 12. *Aula de anatomia do Dr. Nicolaes Tulp*, de Rembrandt, 1632
Humanismo, apologia da razão e confiança na ciência estão entre as principais características da Modernidade. O homem pode agora conhecer os segredos da natureza e, partir desse conhecimento, criar coisas tal como a natureza produz seus efeitos. O próprio homem, essa admirável "criatura de Deus", torna-se objeto de conhecimento. Esse quadro representa bem esse momento do período moderno.

que a própria natureza era em si mesma racional, já que fruto da ação criadora de um ser também racional, Deus. Ao criar tudo o que existe, Deus o fez com lógica e leis causais certas. São essas leis que as ciências estudam. Se é assim, o homem, empregando corretamente a razão, pode estudá-la e realizar ou produzir coisas tal como a própria natureza as realiza e produz.

É assim que a felicidade humana poderia ser obtida neste mundo: se os homens empregarem os meios certos para conhecer a natureza, poderão "realizar prodígios" e recriar as coisas necessárias a seu bem-estar e ao bem-estar coletivo. A própria felicidade *não* era o tema principal das reflexões de Bacon. Ela era vista como o efeito, o resultado da aplicação prática da filosofia natural ou ciência.

Essa confiança de Bacon na razão e na ciência é a principal característica do período moderno. No século XVII, os filósofos serão chamados de racionalistas, dada a confiança e a esperança que eles depositavam na razão humana. O mais famoso entre eles foi sem dúvida o francês René Descartes (1596-1650), para muitos o verdadeiro "fundador da filosofia moderna". É com ele que assistimos à junção da metafísica com a matemática e com a física.

Essa atitude de Descartes era inovadora e exprimia bem a visão moderna sobre a natureza e seu criador. Porque Deus é um ser racional, ele criou o mundo segundo "verdades eternas", as leis da natureza (física, biologia química, etc.), e criou o homem dotado de racionalidade. Isso garante que a razão pode conhecer todo e qualquer objeto dotado de uma lógica intrínseca ou de racionalidade. Se a alma humana ou Deus trazem em si mesmos as marcas da razão, então se pode conhecê-los metafisicamente com o auxílio tanto das ciências da natureza quanto da matemática (particularmente a geometria).

E quanto à felicidade? Podemos determinar sua essência e as condições para poder gozá-la? Em princípio sim, mas a felicidade é um desses assuntos que pertencem ao campo do humano, que é marcado por uma complexa relação entre corpo e alma, como veremos mais adiante. Essa complexidade implica uma dificuldade ao pensarmos a natureza da felicidade e os caminhos para alcançá-la. E para o leitor de Descartes a dificuldade é maior, porque a felicidade, como em Bacon, não é o tema principal de suas reflexões filosóficas, mas sim a metafísica (diferentemente de Bacon), a física, o método filosófico e científico e, claro, a própria razão. Contudo, é possível extrair dos escritos de Descartes sobre as *paixões humanas* algumas lições a respeito do que seria a felicidade e de como conquistá-la.

Se para Bacon conhecer a natureza para dominá-la equivalia a produzir os efeitos necessários para uma vida feliz, para Descartes, conhecer a própria natureza humana era condição necessária para dominar as *paixões*, fazendo uso da *razão* e da *vontade*, guiada por ela.

Descartes ficou conhecido por seu dualismo substancial: os seres no universo são *res extensa* ou *res cogitans*, isto é, coisa extensa ou coisa pensante, corpo ou alma. Trata-se de duas substâncias distintas e autônomas. Não era assim entre os filósofos da escolástica, que, sob influência aristotélica, afirmavam que a alma era a *forma* que dava vida à *matéria* corporal. A alma era vista "como um piloto em seu navio", sem a qual o corpo permanecia como matéria inerte. A distinção substancial trazida por Descartes era portanto inovadora.

O dualismo cartesiano, entretanto, implicava um problema para a concepção do humano. Pois o homem seria uma *mistura* das duas coisas: nele, o corpo está unido à alma, e vice-versa. Essa união é substancial, ou seja, não se pode pensar o homem sem a união entre corpo e alma. Todo o problema moral das paixões, no entanto, está nessa mistura, pois ela faz com que, no conhecimento, os sentidos levem a mente a interpretar equivocadamente os fenômenos, e, na vida prática, levem a vontade a fazer um mal uso das paixões, conduzindo o homem aos excessos passionais e à infelicidade.

Descartes, embora sendo um racionalista, não considerava as paixões nem más nem boas em si mesmas: isso dependeria do uso que os homens fizessem delas. No último artigo de *As paixões da alma*, Descartes deixa claro onde podemos encontrar "todo o bem e todo o mal desta vida": no bom uso das paixões (DESCARTES, 2005, p. 174). Mas como? Fazendo com que a vontade, na hora de escolher o *bem* ou *objeto* de gozo, seja guiada pela razão e pelo conhecimento. Isso, porém, não é tarefa fácil. Pois enquanto o intelecto, segundo Descartes, é finito (isto é, nossa capacidade de conhecer é limitada), a vontade é infinita. Reside aí a causa de nossos erros e enganos. Mas Descartes acreditava que, quando a razão conhece algo com algum grau de certeza, isso faz a vontade se inclinar para aquilo que a razão considera. Portanto, ao conhecermos e considerarmos algo como bom, a vontade tende a nos fazer buscar esse algo que, por ser bom, nos dará alegria. Daí Descartes apostar na capacidade do homem racional de gozar de uma coisa considerada boa com moderação, isto é, sem carência e sem excesso.

Assim, para Descartes, a razão e o conhecimento seriam capazes de orientar nossa vontade na direção dos bens certos, isto é, dos bens que nos causam alegria, permitindo-nos gozar deles com moderação. Isso é fazer um bom uso, um uso sábio das paixões. E é justamente isso o que, segundo Descartes, torna a vida mais doce; é o que proporciona um prazer de viver. Toda a amargura, então, vem do mau uso das paixões, enquanto a felicidade, ao contrário, está no uso sábio que fazemos delas.

Se Descartes concordava com os filósofos estoicos quanto à ideia de uso da razão no controle das paixões, não compartilhava com eles a ideia do sábio como alguém impassível diante das paixões: o sábio, para Descartes, é tão somente aquele que, fazendo uso da razão, faz por isso mesmo um bom uso de suas paixões, ao guiar a vontade para escolher bem entre os prazeres e gozá-los com moderação.

O problema, no entanto, é que, quando falamos em felicidade, estamos no terreno moral das paixões, e isso colocava uma questão para Descartes: no campo moral e passional, como a razão pode ter certeza das coisas? Como pode ela saber com certeza que determinado objeto é bom e está sendo usufruído com moderação? Um caminho (*método*) seria aplicar o critério da dúvida. Em Descartes, o exercício da dúvida é ponto de partida do ato de filosofar. Para chegar a certezas, é preciso primeiro duvidar. No campo das paixões e da moral, entretanto, a superação da dúvida, como veremos, é mais complexa.

Nas *Regras para direção do espírito*, Descartes afirma que tudo o que não é certo e evidente, toda ideia obscura e confusa deve ser posta de lado, como coisa duvidosa (DESCARTES, 2010a, p. 411-413). Com outras palavras, o mesmo é dito no *Discurso do método* (DESCARTES, 2010b, p. 75-76). No primeiro parágrafo dos *Princípios da filosofia*, Descartes afirma ser preciso que nos apliquemos "uma vez na vida a duvidar de todas as coisas nas quais encontremos a menor suspeita de incerteza" (DESCARTES, 2002, p. 23). E, no início das *Meditações metafísicas*, afirma ser preciso duvidar de tudo, aventando inclusive a hipótese de um "Deus enganador" ou de um "gênio maligno" que poderiam nos dar certezas de ideias matemáticas que no entanto seriam falsas (DESCARTES, 2011, p. 29-39).

Esse ato metódico de duvidar de tudo, chamado pelos comentadores de *dúvida hiperbólica*, implicava um problema de ordem moral ao qual Descartes estava atento: se colocamos tudo em dúvida, não podemos ter certeza de nossas noções de bem e mal, de certo e errado. Isso seria perigoso (ainda mais na época em que Descartes escrevia). O filósofo deixa claro, entretanto, que não há problema moral nenhum em filosofar partindo da *dúvida hiperbólica*, pois se trata apenas de duvidar, isto é, *pensar*, e não de *agir* no mundo. Ademais, a *dúvida metódica* é apenas um passo do método a ser superado pelos seguintes; ela é o ponto de partida rumo a um ponto fixo, a uma certeza fundamental, não é a dúvida do filósofo cético. Mas durante o processo de duvidar, teríamos de adotar uma "moral provisória", útil nos usos da vida, enquanto não soubermos com certeza o que é o bem e o mal, o certo e o errado.

No entanto, o filósofo Lívio Teixeira, em seu clássico *Ensaio sobre a moral de Descartes*, defende a tese de que a "moral provisória" de Descartes teria algo de inultrapassável, como se a moral só pudesse ser mesmo "provisória". Por quê? A resposta se encontra na união substancial entre corpo e alma. Como afirma Lívio

Teixeira, em Descartes "a alma e o corpo estão, não simplesmente justapostos, 'como um piloto em seu navio', mas estão fundidos, substancialmente unidos, constituindo um misto psicofisiológico" (TEIXEIRA, 1990, p. 242). A *existência* dessa união pode ser claramente compreendida: sabemos com clareza e distinção que somos uma alma unida a um corpo. Mas a própria união, escreve Lívio Teixeira, "é contudo em sua essência incompreensível à inteligência do homem". É a própria relação entre corpo e alma que resta, assim, inexplicável, em Descartes. Mas é justamente nesse campo da união psicofísica que ocorrem as paixões, e, portanto, é nesse terreno que se move a reflexão moral. Lívio Teixeira então conclui: "Resulta que, pelo menos em grande parte, a moral não pode, pela natureza das coisas, ter caráter científico" (TEIXEIRA, 1990, p. 242). Em outras palavras, no campo da moral não pode haver certezas absolutas.

Se é assim, como a razão e o conhecimento poderiam guiar a vontade para escolher bem e moderar as paixões? Pois sem isso, em Descartes, a própria felicidade não parece possível. A solução para esse impasse talvez esteja em abandonar um pouco a visão que temos de Descartes como o filósofo racionalista que propõe a ideia de um controle *absoluto* das paixões pela razão. De fato, em uma carta de 1648, o racionalista Descartes escrevia: "A filosofia que cultivo não é tão bárbara nem tão cruel que rejeite o uso das paixões; ao contrário, é nele apenas que coloco toda a doçura e a ventura desta vida" (DESCARTES, 2005, p. 246).

Vinte anos antes, em 1628, nas *Regras para a direção do espírito*, Descartes afirmava que "o prazer que se encontra na contemplação da verdade" é, nesta vida, "quase a única felicidade pura e que nenhum sofrimento perturba" (DESCARTES, 2010b, p. 406). Mas essa felicidade, segundo ele, não deve ser um objetivo buscado por si mesmo, como se fosse a coisa mais importante da vida. O mais importante, para ele, é a própria sabedoria, e sabedoria é poder adquirir um espírito que "produza julgamentos sólidos e verdadeiros sobre tudo o que a ele se apresente": essa é a primeira regra "para a direção do espírito" e a finalidade do todo e qualquer estudo (DESCARTES, 2010b, p. 405).

A felicidade, em Descartes, não é objeto de conhecimento, mas aquilo que deriva do exercício da razão quando ela está voltada para a aquisição de sabedoria. Não precisamos nos preocupar com a felicidade, diria o filósofo, basta que o alvo de nossa vida seja direcionar o espírito para a sabedoria, que é a contemplação da verdade. A felicidade não está em outro lugar.

Espinosa: a felicidade como *amor intelectual de Deus*

Figura 13. Espinosa
Filósofo holandês do século XVII, Baruch de Espinosa fez da busca da felicidade o principal motivo de sua vida e de sua obra. Levou muitos anos para escrever sua obra-prima, a Ética, na qual expõe, segundo o método geométrico, uma filosofia que, segundo ele, poderia nos levar à felicidade. Por suas ideias inovadoras e revolucionárias, foi excomungado da comunidade judaica de Amsterdã e execrado por muitos cristãos.

O tema da felicidade aparece, de algum modo, nos trabalhos de quase todos os filósofos racionalistas do século XVII. Mas na filosofia de Espinosa (1632-1677) a felicidade ganha um lugar especial. Em toda a obra espinosana, a felicidade – *felicitas* ou *beatitudo*, como ele escrevia em latim – é o tema por excelência. É que esse era também o "tema" de sua vida. De fato, escrevendo a um teólogo de sua época, em uma carta de 28 de janeiro de 1665, Espinosa afirmava: "[...] eu gozo e busco passar a vida, não na aflição e no lamento, mas na tranquilidade, na alegria e no contentamento, com o que ascendo um grau mais" (SPINOZA, 2007a, p. 107).

O maior testemunho de que a felicidade foi sem dúvida a principal preocupação de Espinosa se encontra nesta passagem de seu *Tratado da reforma da inteligência*, obra que ele escreveu quando ainda era jovem:

> Depois que a experiência me ensinou que tudo o que acontece na vida ordinária é vão e fútil, e vi que tudo o que era para mim objeto ou causa de medo não tinha em si nada de bom nem de mau, a não ser na medida em que nos comove o ânimo, decidi, finalmente, indagar se existia algo que fosse um bem verdadeiro, capaz de comunicar-se, e que, rejeitados todos os outros, fosse o único a afetar o ânimo; algo que, descoberto e adquirido, me desse para sempre o gozo de contínua e suprema felicidade. (ESPINOSA, 2004, p. 5)

Esse trecho é um indício de que o jovem Espinosa já buscava uma alegria diferente das alegrias comuns da vida cotidiana. Buscava a *felicidade*, uma "contínua e suprema felicidade". Em sua obra-prima, a *Ética*, Espinosa nos oferece uma via filosófica capaz de nos levar à felicidade. É um caminho árduo, difícil, como o próprio Espinosa reconhece ao final da *Ética*, mas que, diz ele, pode ser percorrido.

Por que a trajetória a ser percorrida até a felicidade é tão difícil? É que, na visão de Espinosa, ela exige toda uma reforma ou emenda do nosso intelecto, a partir da qual possamos compreender qual é o sumo bem, que proporciona a felicidade, reorientando nosso desejo em direção a ele. Trata-se de uma verdadeira transformação do desejo. E ela é difícil, por dois motivos. Um deles é que as alegrias comuns do dia a dia são de tal natureza que dificilmente alguém passa por uma experiência afetiva que transforme o desejo rumo a algo que proporcione a "contínua e suprema felicidade". Enquanto tais alegrias não causam grandes problemas (como de fato pode acontecer), permanecemos nelas sem questioná-las. E mais: é muito difícil abandonar as alegrias comuns, mesmo quando elas são causa de uma tristeza posterior (por exemplo, estamos alegres enquanto comemos algo saboroso, mas se comemos demais, posteriormente, passamos mal do estômago e nos sentimos tristes). O outro motivo é que a compreensão intelectual daquilo que proporciona a felicidade exige uma nova compreensão do que entendemos por "Deus"; tarefa difícil sobretudo para nós, que fomos educados na tradição judaico-cristã de pensamento. Para Espinosa, sem essa compreensão a felicidade não é possível. Vejamos por quê.

No *Tratado da reforma da inteligência*, Espinosa afirma que a felicidade depende de nosso amor pelas coisas eternas e infinitas (ESPINOSA, 2004, p. 9). Em sua *Ética*, demonstra quais são tais coisas. Mas para isso teve de expor um conceito de Deus tão radicalmente diferente da ideia judaico-cristã que ele não apenas foi expulso da comunidade judaica de Amsterdã da qual fazia parte como também foi considerado ateu por muitos teólogos e filósofos cristãos.

O Deus de Espinosa não é nem Criador nem transcendente (isto é, que se situa fora do mundo, da natureza ou do universo); não é um Deus que governa o mundo como um rei, ou um pai que age segundo sua vontade e conforme as leis ditadas por ele mesmo. Tampouco é um Deus que pune os maus e recompensa os bons; não é pessoal, não é um homem ou mesmo uma coisa ou um espírito.

Para Espinosa, Deus ou a Natureza é a única *Substância* no Universo. As coisas particulares e finitas são *modos* dessa Substância, que é absolutamente infinita e imanente a seus modos, como eles a ela. Além disso, como a Substância é *causa sui*, causa de si mesma, ela é eterna, pois só pode ser concebida como existente, como algo que não pode deixar de existir (SPINOZA, 2007b p. 13). Por exemplo: concebe-se que um corpo, uma casa ou uma árvore não existiam tempos atrás e muito provavelmente deixarão de existir daqui a algum tempo; mas não se pode conceber que a própria Natureza (ou Deus), que engendra todas essas coisas, não tenha existido no passado ou deixará de existir em um futuro. Por que não? Porque, se se pensar isso, será preciso conceber um tempo em que nada existia, e então encontrar a causa da Natureza no nada. Mas, para Espinosa e os filósofos do século XVII, o nada não tem propriedades, isto é, ele não existe (o nada é *nada* mesmo); e, ademais, eles consideravam, como Epicuro, que nada vem do nada. Assim, isso que causa, gera e engendra todas as coisas só pode ser eterno, deve ter sempre existido. Deus, para Espinosa, é algo que existe *necessariamente*, pois sua própria essência envolve existência. Mesmo que Deus *quisesse* não poderia deixar de existir. Vale lembrar: o Deus de Espinosa não tem vontade! Ele não produz as coisas porque quer, por amor ou bondade: ele as produz *necessariamente*, porque é de sua essência existir, agir e produzir, assim como é da essência do triângulo, no espaço plano, que a soma de seus três ângulos internos seja 180º.

Para Espinosa, a felicidade está em conhecer a essência disso que é causa de todas as coisas, isto é, Deus ou a Natureza. Trata-se de um conhecimento que envolve intuição e que Espinosa chamou de "ciência intuitiva" (Spinoza, 2007b, p. 135). Pois da compreensão disso nasce um amor, a que o filósofo deu o nome de *amor intelectual de Deus*, porque resulta de uma compreensão intelectual da essência divina como causa de nossa essência e existência, e portanto de nossas alegrias (Spinoza, 2007b, p. 399). Desse amor intelectual nasce uma *ética*, uma maneira de ser e agir que nos "livra" daquelas alegrias que normalmente são também causas de tristeza. Ele nos faz ter outra relação tanto com as alegrias passivas (ou paixões alegres) quanto com as tristezas, de tal modo que nem as alegrias nem as tristezas tenham excesso, e não caímos mais na euforia ou na depressão (que Espinosa chamava de melancolia).

Ao perceber a vanidade dos bens perecíveis da vida comum dos homens, Espinosa pôde conceber um "sumo bem" capaz de proporcionar a felicidade, porque eterno, infinito e ao alcance de todos nós, pois que se trata de um "Deus" apreensível pelo intelecto, sem necessidade da fé ou da Graça divina.

É nesse sentido que o filósofo se distancia dos pensadores cristãos. Como visto anteriormente, eles não apenas fizeram a crítica do gozo dos bens perecíveis deste mundo como também remeteram a felicidade para o outro mundo. Além disso, na filosofia cristã não se tinha certeza de que o homem pudesse alcançar a felicidade após a morte, já que no limite ela dependia da Graça divina e da vontade insondável de Deus. Espinosa, por sua vez, aproxima-se mais dos filósofos antigos, como Epicuro, por exemplo, para quem, como vimos, a felicidade era um prazer estável que dependia do conhecimento filosófico da natureza. Diferentemente deste, com Espinosa, compreendemos claramente por que a felicidade se encontra no exercício mesmo do intelecto.

É que, para o filósofo holandês, a felicidade é o próprio exercício de um amor *intelectual* de Deus, ou seja, é o próprio ato de *filosofar*. Realmente, filosofar, para Espinosa, é conhecer a si, a natureza e as coisas. Mas conhecer, como dizia Aristóteles, é conhecer pela causa. É por isso que a *Ética* de Espinosa se inicia pelo conceito de *Causa Sui*, isto é, de Deus ou a Natureza, a Substância absolutamente infinita (Espinosa emprega esses termos como sinônimos: Deus, Natureza, Substância, *Causa Sui*; acrescentamos ainda a palavra "Universo"). A partir desse conceito, Espinosa deduz todo o resto: a mente, os afetos, a servidão, a liberdade e a felicidade. Por isso, podemos dizer que a felicidade de que nos fala Espinosa não seria possível se a Natureza (isto é, Deus) não fosse tal como ele a expõe na *Ética*: um Ser cuja essência envolve existência, e que portanto existe e age necessariamente, produzindo em si infinitas coisas de infinitas maneiras.

Para entender melhor tudo isso, recordemos a ideia de Deus judaico-cristã, que nos é muito familiar. Trata-se, nessa tradição, de um Deus criador, transcendente e dotado de livre vontade. Portanto, é um deus que causa ou cria o mundo, porém se situa fora dele; por isso mesmo não podemos compreender sua divina vontade, que permanece fora do alcance de nosso intelecto. Isso significa que não podemos conhecê-lo em sua essência; não podemos ter uma intuição intelectual dela, já que ela está fora do mundo, é externa ao mundo que ele criou; não podemos, em suma, compreender a vontade de Deus, pela qual ele criou o mundo, o homem, a natureza. Assim, por que Deus criou Adão pecador? Se sabia que o livre-arbítrio poderia levar o homem ao pecado e ao sofrimento, porque criou o homem dotado de livre-arbítrio? Não sabemos, nem nunca poderemos saber, não obstante todo o trabalho dos teólogos em decifrar os mistérios da Revelação. Ocorre que, para Espinosa, enquanto alguém permanece prisioneiro dessas superstições, não pode ser realmente feliz. Por quê? Porque nesse caso não se pode ter realmente certeza de nada: não se sabe por que Deus criou o mundo, as coisas e nós mesmos; não se tem certeza da condição humana nem da felicidade.

Mas suponhamos que a noção de Deus da tradição judaico-cristã esteja correta: Deus é transcendente, sua vontade é insondável e misteriosa, o mundo – desde a Queda de Adão – é pecado e sofrimento, e somente através da graça podemos ser felizes. Nesse caso, diria Espinosa, nós conheceríamos Deus como causa do mundo e de nós mesmos, mas atribuiríamos a Ele a causa de sofrimentos no mundo e em nós. Conheceríamos Deus como causa de tristezas. Mas se algo me causa tristeza, minha tendência natural é odiá-lo, assim como, se algo me causa alegria, tendo naturalmente a amá-lo. É aliás assim que Espinosa define o amor e o ódio: o amor é uma alegria acompanhada da ideia de sua causa; o ódio, uma tristeza acompanhada da ideia de sua causa. Em suma, se o Deus judaico-cristão fosse a causa real de nossa existência, não poderíamos ser felizes – não neste mundo. A felicidade que Espinosa buscou é para ser vivida neste mundo, pois, para ele, não há outro mundo.

Assim, se, em Espinosa, o conhecimento intelectual da Causa de todas as coisas (isto é, a Natureza, ou Deus, ou Substância, o nome pouco importa) é capaz de proporcionar felicidade, é porque seu conceito de Deus é totalmente diferente da ideia tradicional que se tinha até então no Ocidente judaico-cristão. A Causa não é transcendente, mas imanente a seus efeitos; além disso, a Natureza (Deus) não tem vontade, ou seja, tudo o que ela é e tudo o que ela faz não depende de uma vontade incompreensível, mas de sua própria essência: o que ela é, ela o é necessariamente; o que ela faz ou produz, ela o faz ou produz necessariamente. Ela não tem escolha. Nós também não. Não há livre-arbítrio, diz Espinosa. Tudo o que nós fazemos, nós o fazemos porque somos determinados a fazê-lo devido a certas causas: dada uma causa, segue-se um efeito; sem causa não há efeito. Nada vem do nada. O Universo, em Espinosa, é uma estrutura eterna que opera por causalidade necessária, produzindo infinitas coisas de infinitas maneiras. É essa estrutura que a "ciência intuitiva" de Espinosa pôde captar. E é a descrição dessa estrutura metafísica do Universo que Espinosa nos oferece na primeira parte de sua principal obra, a *Ética*.

Agora, pensemos bem. O deus de Espinosa é a causa imanente de todas as coisas, isto é, uma causa que não se separa de seus efeitos ao produzi-los; em linguagem espinosana, a Substância não se separa de seus modos ao engendrá-los. Então, os próprios modos finitos, dentre os quais nós mesmos, os outros seres, as próprias ideias, enfim, tudo o que é e existe, exprimem a essência divina de maneira certa e determinada. É como se Espinosa dissesse: nós, nosso corpo e nossas ideias *somos* Deus, mas não de maneira *absoluta*, e sim de um modo certo e determinado, pois somos seres finitos, enquanto a Substância é absolutamente infinita. Mas isso, por sua vez, implica que nós somos uma parte intrínseca da atividade eterna e infinita dos atributos da Substância. Como ela produz todas as coisas nela mesma (isto é, sem se separar delas), e como ela as produz *necessariamente* (isto é, não pode deixar de engendrá-las), nós e todas as outras coisas, incluindo as ideias, somos necessariamente ligados ao Todo, à Natureza: formamos uma só "coisa", somos um com o Universo inteiro.

Mas se é assim, então deve haver um lugar, no Universo, até mesmo para as coisas que ocorrem na vida cotidiana, e que Espinosa, como vimos, havia condenado como vãs e fúteis no *Tratado da reforma da inteligência*. De fato, já nesse tratado, antes mesmo de escrever a *Ética*, Espinosa afirmara que as coisas da vida cotidiana (incluindo, evidentemente, as paixões) são *boas*, quando elas servem para exercermos a potência de nosso intelecto com o objetivo de alcançar o conhecimento intuitivo da Natureza e de nossa união com ela. Nesse caso, as coisas não são buscadas por si mesmas, mas se integram em uma experiência afetiva de compreensão de si, das coisas e da Natureza, em que elas ajudam ou contribuem para o próprio exercício do *amor intellectual de Deus*, isto é, da felicidade. Desse modo, as mesmas coisas que antes eram obstáculos à felicidade

– seja porque eram paixões tristes, seja porque eram alegrias que acarretavam tristezas – agora são percebidas e vividas como parte de um Todo, integradas à vida daquele que ao mesmo tempo busca e exerce a felicidade.

> **Para Espinosa, o *conhecimento* de nossa união necessária com a Natureza inteira constitui nossa felicidade. No entanto, isso requer um conhecimento intuitivo, uma razão ou ciência intuitiva – e isso não é fácil.**

A conquista da felicidade talvez só seja fácil nos manuais de autoajuda. Mas a filosofia não é nem manual nem autoajuda. Espinosa a exercia antes como um esforço de compreensão intelectual, racional e intuitivo de si mesmo, da Natureza e das coisas. E foi nesse esforço e nesse exercício intelectual que ele encontrou a felicidade, ou, como se dizia no tempo dele, a beatitude ou salvação. Caminho difícil, certamente, mas que poderia ser trilhado.

Ao final da *Ética*, Espinosa escreve:

> Se o caminho, conforme já demonstrei, que conduz a isso parece muito árduo, ele pode, entretanto, ser encontrado. E deve ser certamente árduo aquilo que tão raramente se encontra. Pois se a salvação estivesse à disposição e pudesse ser encontrada sem maior esforço, como explicar que ela seja negligenciada por quase todos? Mas tudo o que é precioso é tão difícil como raro (SPINOZA, 2007b, p. 411).

* * *

Espinosa morreu em 1677, e só então suas obras foram publicadas. Seria muito perigoso publicá-las enquanto ele ainda vivia. A Modernidade é a época da razão, mas o uso livre da razão era algo que ainda estava sendo conquistado. Havia ainda muitas forças contrárias, de ordem política, mas também e sobretudo de ordem religiosa. Não podemos esquecer que a Modernidade viu surgir movimentos religiosos de reforma cristã, com os protestantes, e de contrarreforma, com os católicos. Perante esses grupos, frequentemente ligados ao poder político, em uma época em que Estado e igrejas não estavam ainda separados, não era prudente defender abertamente ideias revolucionárias como as de Espinosa, que, aliás, em sua filosofia política, defendia a democracia como o mais natural e racional entre os regimes políticos.

Mesmo enfrentando obstáculos religiosos e culturais, a defesa do racionalismo, iniciada antes de Bacon, Descartes e Espinosa, com os humanistas renascentistas, continuou. Muitos filósofos tiveram de lidar com a herança do pensamento judaico-cristão, que pesava sobre sua formação e sobre suas filosofias e as tornou próximas do antigo pensamento medieval. Esse foi o caso de Leibniz (1646-1716), por exemplo.

Sua ideia de felicidade não estava distante daquilo que muitos pensadores cristãos medievais achavam. Cristão, Leibniz considerava que foi Jesus Cristo quem "descobriu para os homens os mistérios e as leis admiráveis do Reino dos Céus e a grandeza da suprema felicidade que Deus reserva a quem o ama" (LEIBNIZ, 2004, p. 78). Por isso, o filósofo acreditava que a felicidade é a recompensa que Deus dá a quem o ama. Qualquer medieval assinaria embaixo dessa ideia, não obstante todas as inovações modernas trazidas pelo racionalismo de Leibniz em sua metafísica. O fato é que qualquer filósofo que tomarmos como exemplo, na Modernidade, encontrará sempre fortes elementos de racionalismo e defesa da razão. E essa defesa ganhará expressão política e cultural com o Iluminismo, no século XVIII. É dele que falaremos a seguir.

Iluminismo: a promessa de felicidade ao alcance da humanidade

A partir do período que se convencionou chamar de Iluminismo (século XVIII), a defesa da razão humana (vale dizer: da ciência e da filosofia, e não mais da fé e da teologia) como instrumento de aquisição de saber e de desvendamento da natureza e do universo deixa de ser ocupação apenas dos filósofos e cientistas para alcançar também as camadas burguesas intelectualizadas da Europa.

O racionalismo é transformado em movimento histórico, cultural e político. E o melhor exemplo da utilização política dos ideais iluministas é a Revolução Francesa (1789), quando então as burguesias, encontrando apoio nos setores subalternos, derrubarão o Antigo Regime e implantarão a República francesa, defendendo os ideais humanistas de "igualdade, liberdade e fraternidade", no mesmo espírito otimista e progressista da época. Os despotismos monárquicos, devemos lembrar, eram identificados com a Igreja, a religião, a superstição, a ignorância e, enfim, com o irracionalismo: eles representavam um mundo de "trevas", contra o qual lutavam os filósofos das "Luzes".

Filosoficamente, todo esse movimento teve por base a apologia dos conhecimentos científicos e das técnicas deles derivados. Como queria o velho Bacon, conhecimento e técnica passam a ser vistos e defendidos "enquanto instrumentos de transformação do mundo e de melhoria progressiva das condições espirituais e materiais da humanidade", como escrevem os historiadores da filosofia Giovanni Reale e Dario Antiseri (REALE; ANTISERI, 1990, p. 666). Para esses e outros historiadores, o Iluminismo foi uma "filosofia otimista". Em primeiro lugar, porque acreditava nos poderes da ciência e da técnica

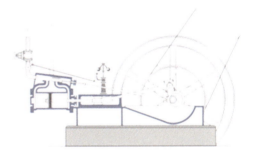

Figura 14. Desenho de máquina a vapor desenvolvida durante o século XVIII

Inventada no século XVIII pelo engenheiro escocês James Watt (1736-1819), a máquina a vapor teve enorme aplicabilidade a partir do século XIX, sobretudo em motores de fábricas industriais, carros e locomotivas. Ela é um bom exemplo da relação íntima entre ciência, tecnologia e transformação social, relação na qual se apoiavam as crenças iluministas segundo as quais os homens poderiam realizar transformações históricas e políticas a partir da aquisição e da aplicação de conhecimentos científicos e empíricos.

para promover a *evolução* espiritual e o *progresso* material da humanidade. Trata-se de uma confiança e de um otimismo muito condizentes com os anseios das novas classes burguesas em ascensão, ligadas às novas técnicas industriais produtivas que vinham impulsionando o capitalismo pelo menos desde o século XVI.

No Iluminismo, o conhecimento tem mais valor se tiver uma aplicação prática. Para isso, é preciso que o saber seja não apenas racional, mas também *empírico*. Ou seja, o conhecimento deve se ater aos fenômenos da natureza e deve ser comprovado através de experiências controladas pelos cientistas. O empirismo já era uma tendência moderna desde Bacon, mas o Iluminismo exacerba suas qualidades.

Filosófica e epistemologicamente, a ideia que está por traz disso é a de que a metafísica – o conhecimento das causas primeiras de todas as coisas, de Deus, do Absoluto ou da Natureza, como queriam Descartes, Leibniz e Espinosa, por exemplo – já não é mais possível. Os iluministas condenavam a metafísica quase tanto quanto condenavam a Igreja e o despotismo dos reis. Além disso, esse novo conhecimento deveria ser ensinado, no limite, a todos os cidadãos, através da educação. É no Iluminismo que ganha força a ideia de uma educação universal como um direito de todos, tal como a defendemos atualmente, com a criação de instituições responsáveis por isso: as escolas, os institutos, os laboratórios, as universidades.

Como fica a questão da felicidade, nesse quadro geral de transformações históricas e filosóficas?

Em uma época de forte valorização da ciência, do conhecimento empírico, do desenvolvimento da tecnologia e da educação como forma de emancipação humana, social e política, o problema da felicidade deixa de ser algo que pode ser resolvido pela aquisição de sabedoria e pela filosofia. A ideia do homem sábio, como alguém que é feliz precisamente por sua sabedoria, praticamente desaparece. Em seu lugar, ganha espaço a ideia de que a felicidade é algo que resulta do progresso material e da evolução espiritual das sociedades e da humanidade. Justamente por isso, foram poucos os filósofos iluministas que fizeram da felicidade um tema específico de suas reflexões.

Um desses poucos filósofos foi o francês Julien Offray de la Mettrie (1709-1751), talvez o mais radical dos iluministas. Extremamente ateu e materialista, La Mettrie chegou a ser expulso da França, tendo de se exilar na Holanda, de onde também foi expulso, para encontrar exílio definitivo na Alemanha. Ele considerava que o homem, como sugerira Descartes, é uma máquina dotada de alma. Uma de suas principais obras se chama justamente *O homem-máquina*. Só que, ao contrário de Descartes, La Mettrie não via no homem duas substâncias, uma extensa (matéria, corpo) e outra pensante (intelecto, alma). Para ele só haveria uma "substância": a matéria. Em sua visão, até mesmo a alma era material e deveria ser explicada pela materialidade do corpo e do cérebro. É por isso que, ao tratar da felicidade, La Mettrie fará o elogio dos sentidos do corpo. Em *Anti-Sêneca ou discurso sobre a felicidade*, ele escreve:

> Nossos órgãos são suscetíveis de um sentimento ou de uma modificação que nos deleita e nos faz amar a vida. Se a impressão de tal sentimento é breve, trata-se do prazer; se é mais duradoura, trata-se da voluptuosidade; se é permanente, tem-se a felicidade. A sensação sempre é a mesma, só difere por sua duração e sua vivacidade. (LA METTRIE, 1983a, p. 324, tradução nossa)

Em seguida ele completa: "Quanto mais durável, delicioso e agradável é este sentimento, e não se interrompe nem se turba, mais feliz se é". A felicidade, portanto, é uma sensação de bem-estar permanente ou o mais duradoura possível. Contra o estoico Sêneca, para quem a felicidade se restringiria a uma ausência de desejo e uma indiferença diante das coisas (ataraxia), La Mettrie afirma que o desejo de bem-estar é inato e natural nos seres vivos complexos. Por isso, no homem, tudo o que proporciona esse bem-estar corporal se torna causa de felicidade, se o bem-estar for duradouro ou, melhor ainda, permanente. Mas o que proporcionaria tal prazer permanente? La Mettrie tem dificuldade em nos responder. Em algumas passagens de seus textos, porém, é possível encontrar a resposta.

Materialista e tendo sempre o corpo como base e critério, La Mettrie, curiosamente, afirma que "o prazer da alma" é "a verdadeira fonte da felicidade" (LA METTRIE, 1983a, p. 344). Mas a própria alma é material, como vimos. Ocorre, entretanto, que a alma é inundada por muitos valores e preconceitos desde a primeira educação, na infância. La Mettrie propõe, então, uma nova educação, que poderíamos chamar de "educação dos sentidos", pela qual pudéssemos nos despir de todos os valores e preconceitos que impedem o corpo, e consequentemente a alma, de gozar com tranquilidade os prazeres que a natureza dita e recomenda, mas que a primeira educação nos faz "esquecer". Para ele, essa nova educação há de se fazer através da "reflexão e da filosofia". Em *Sistema de Epicuro*, ele escreve:

> Não tenho temores nem esperanças. Não restou em mim o menor rastro de minha primeira educação. [...] Tive a coragem de esquecer o que havia tido a fraqueza de aprender. Tudo está suprimido (que felicidade!), tudo está apagado, tudo está extirpado até à raiz, e isso é obra da reflexão e da filosofia. (LA METTRIE, 1983b, p. 392-393, tradução nossa)

Portanto, podemos concluir que o "prazer da alma" de que fala La Mettrie se encontra na filosofia e no trabalho do intelecto, que ensinam a esquecer os maus ensinamentos do passado (particularmente da infância) e, assim, à maneira de Epicuro, permitem que o corpo goze melhor dos prazeres que a natureza do corpo exige. Felicidade, em La Mettrie, é reeducar o corpo através da filosofia.

Essa sabedoria materialista, entretanto, foi um dos raros momentos do Iluminismo em que a felicidade foi objeto de reflexão filosófica. Nisso La Mettrie foi quase uma exceção entre os iluministas. Não obstante o empirismo, que remete sempre ao materialismo, o tom geral da época é outro. A felicidade, como vimos, não está no centro das preocupações filosóficas; ela seria antes o resultado da reforma das ciências, do novo sistema educacional que começa a surgir e das novas tecnologias a serviço da sociedade. Por isso mesmo, na grande *Enciclopédia* de Diderot e D'Alembert, o verbete "felicidade" (*bonheur*) ocupa apenas um pequeno espaço, e a "felicidade", aí, está associada à "prosperidade":

> *Felicidade, prosperidade* – Termos relativos ao estado de um ser que pensa e que sente. A *felicidade* é o efeito do acaso; ocorre imprevisivelmente. A prosperidade é uma *felicidade* contínua, que parece depender da boa conduta. Os loucos têm, às vezes, *felicidade*. Os sábios não *prosperam* sempre. Diz-se que a *felicidade* é grande, e que a *prosperidade* é rápida. A *felicidade* se diz tanto do bem que nos aconteceu quanto do mal que evitamos. A *prosperidade* não é mais do que um bem aumentado em graus. O Capitólio salvo do ataque dos Gauleses pelos gritos dos pássaros sagrados [...] é um traço que mostra a grande *felicidade* dos Romanos, mas eles devem à sabedoria de suas leis e ao valor de seus soldados longa *prosperidade*. (DIDEROT, 1976, 200-201, tradução nossa)

A felicidade, para Diderot, é fruto do acaso, algo de bom ou algum bem que nos acontece inesperadamente. "Tive a felicidade de ganhar esse carro em um sorteio"... Mas ela já não depende tanto do acaso quando evitamos um mal, já que isso envolve um esforço nosso. O importante, porém, é que se Diderot identifica a felicidade à prosperidade, é porque esta não depende do acaso, e sim da "boa conduta". Se nos "conduzimos bem" (evitando os males, por exemplo, ou sendo prudentes), tendemos a prosperar, e quanto mais e por mais tempo prosperamos, mais somos felizes, já que a felicidade não é outra coisa senão uma "prosperidade contínua".

Todavia, a prosperidade não pode ser garantida por uma só pessoa. Por isso Diderot diz que o "sábio não prospera sempre". A prosperidade, quando fruto do trabalho de um só indivíduo, tende a não durar. Eis por que a sabedoria individual do sábio não garante, por si só, uma "prosperidade contínua". É preciso então que haja fatores externos, sociais e coletivos que garantam a contínua prosperidade. No caso do Império Romano, como vimos na passagem anterior, foram a "sabedoria de suas leis" e o "valor de seus soldados" que possibilitaram uma "longa prosperidade".

Para os iluministas, nada poderia proporcionar uma sólida e contínua prosperidade senão a ciência, a técnica e a educação. Só elas poderiam garantir uma felicidade que não dependesse apenas do acaso, que não fosse fruto apenas de uma sabedoria individual do filósofo, mas de todo um esforço coletivo da humanidade.

> Os iluministas acreditavam que somente a ciência e a educação como formas de esclarecimento e emancipação política levariam à prosperidade dos homens em sociedade. E somente aí, nesse mundo próspero, o homem poderia ser feliz.

O otimismo positivista

Os ideais iluministas do século XVIII marcaram todo o século XIX, que, além de ser um momento de grandes descobertas na ciência, foi também o século do evolucionismo e do positivismo. Teóricos de ambas correntes de pensamento adotaram, sobretudo, a ideia iluminista que via o *progresso* como motor da evolução socioeconômica e cultural.

Evolucionistas de várias tendências encontrarão confirmações de suas crenças nas teorias de Charles Darwin (1809-1882) e Alfred Wallace (1823-1913), sobre a origem e a ecologia dos seres vivos – teorias que, contudo, é preciso frisar, *não trabalhavam com a noção de progresso ou evolução para o melhor* (principalmente a de Darwin).

Sete anos antes da publicação de A origem das espécies de Darwin, porém, Herbert Spencer (1820-1903) já publicava, em 1852, sua *Hipótese do desenvolvimento*, em que defendia uma ideia de evolucionismo que deveria ser aplicada não apenas às espécies de plantas e animais, mas também à sociedade, ao Estado e a todos os ramos da vida cultural e social. Após Darwin, ideias como essas passaram a constituir um verdadeiro "darwinismo social", isto é, a crença segundo a qual noções como a de adaptação e de seleção natural poderiam ser perfeitamente aplicáveis ao mundo social como um todo.

A crença no progresso humano, social e cultural por meio das ciências, que se iniciara com Bacon e ganhara mais força com os iluministas, alcançava agora, em meados do século XIX, seu auge. Uma frase de Spencer resume bem o otimismo da época: "A evolução só pode terminar com o estabelecimento da mais elevada perfeição e da mais completa felicidade" (SPENCER *apud* REALE; ANTISERI, 2005, p. 293). E a perfeição e a felicidade poderiam e deveriam ser conquistadas através das ciências, não só as já conhecidas então (física, biologia, matemática, química, astronomia, etc.), mas também as que estavam se constituindo no XIX, como a psicologia e a sociologia, ciências do homem e da sociedade.

Entre as novas ciências surgidas no período, a sociologia será defendida ardentemente pelo francês Auguste Comte (1798-1857), que via nela um instrumento regenerador da sociedade. Criador e divulgador do positivismo no século XIX, Comte propunha uma reforma espiritual e intelectual da humanidade. Propugnava alterações para todas as instituições sociais, porém não mais por meio da religião (teologia) ou da filosofia (metafísica). Estas, segundo Comte, eram estágios já ultrapassados da evolução humana. Estaríamos, segundo ele, vivenciando o estágio positivo, último e mais avançado estágio da evolução da humanidade. Formas do estágio anterior, no entanto, ainda se faziam presentes e precisavam ser definitivamente ultrapassadas, para que a etapa mais evoluída se completasse. Vejamos um pouco mais de perto essa teoria evolucionista.

Comte considerava que a evolução da humanidade não era algo arbitrário ou contingente, mas seguia uma "lei", que ele chamou de "lei dos três estágios". Trata-se de uma evolução do espírito ou da inteligência. Os três estágios eram o *teológico*, o *metafísico* e o *positivo* (COMTE, 1973b, p. 10). Cada estágio comportaria uma evolução própria. Assim, por exemplo, no primeiro estágio, o teológico, a vida e a natureza são explicadas pela crença em divindades, em espíritos que intervêm no mundo. É um estágio inicialmente animista, dominado por noções e valores derivados de crenças e práticas da religiosidade mágica; mas ele evolui até chegar no cristianismo, com seu monoteísmo e sua crença em uma única divindade todo-poderosa. O segundo estágio mais avançado é o *metafísico*, em que a filosofia substitui as divindades e os espíritos por entidades concebidas conforme os métodos do pensamento metafísico, através de conceitos mais abstratos, como Formas Ideais, Causa Primeira, Deus, Natureza, Espírito Absoluto. Aqui a evolução espiritual da humanidade poderia ser traçada de Platão até Hegel, por exemplo. A metafísica, ao realizar essa abstração pelo pensamento, prepara o estágio seguinte, o estágio *positivo*, que, como escreve Anthony Giddens, caracterizaria "o estado fixo e definitivo da humanidade" (GIDDENS, 2001, p. 219).

A religião domina o primeiro estágio, o teológico; a filosofia domina o segundo, o metafísico; e, por fim, o terceiro e último estágio, o positivo, é dominado pela ciência. No estágio científico, as fases se sucedem seguindo graus cada vez menores de generalidade, mas, ao mesmo tempo, adquirindo graus de complexidade cada vez maiores. Dessa maneira, a primeira ciência rigorosa desenvolvida pelo homem, segundo Comte, foram as matemáticas, cujas relações lógicas podem ser aplicadas, no limite, a um universo infinito. Em seguida vem a física, que se utiliza da matemática, mas, aplicando-a somente aos seres materiais, extrai das análises as leis gerais da natureza. Depois vem a química, cuja aplicação é ainda mais restrita, porém mais complexa, pois já envolve relações que não são apenas físicas, mas também físico-químicas, como as que resultam da análise das moléculas. Na sequência, aparece a biologia, que trata de seres complexos como os organismos vivos, incluindo os humanos (COMTE, 1973b, p. 27-45).

Cada fase pressupõe e engloba as aquisições da anterior. A física pressupõe a matemática, da qual extrai o instrumental lógico como meio de análise do mundo físico; a química se apoia nas leis do movimento (inércia, cinética, etc.) para estudar a relação e a composição entre os corpos na geração de outros tantos corpos; a biologia trabalha não só com movimento e composição dos corpos, mas também com organismos que possuem vida própria: ela faz disso, a vida, o seu domínio próprio.

Comte via nessa evolução da ciência, portanto, uma relação lógica entre as fases: uma determinada fase pressupõe necessariamente a anterior. E o que se vê no caminho que leva da matemática à biologia é, para Comte, o esforço humano em compreender realidades cada vez mais complexas, até chegar no próprio ser humano. Assim, a biologia prepara o desenvolvimento de uma outra fase na ciência, a da "física social", ciência da conduta humana para a qual Comte criou um termo específico: *sociologia*.

Quando seguimos a descrição comtiana da evolução das ciências, não podemos deixar de ver a sociologia no topo da hierarquia evolutiva. No que concerne à conquista da felicidade humana, entretanto, Comte considerava que todas as "ciências fundamentais" – a saber, "a matemática, a astronomia, a física, a química, a fisiologia e a física social" (COMTE, 1973b, p. 45) – eram igualmente importantes. A certa altura de seu *Curso de filosofia positiva*, ele escreve:

> Se bem que todas as ciências fundamentais não inspiram aos espíritos vulgares igual interesse, não há nenhuma que deva ser negligenciada num estudo como o que nós empreendemos. Quanto à sua importância para a felicidade da espécie humana, todas são certamente equivalentes quando consideradas de maneira profunda (COMTE, 1973b, p. 17).

Mas a grande reforma social, proposta e desejada por Comte, só poderia ser levada a cabo através da sociologia. Se ele a pensava como uma "física social", é porque a considerava capaz de conhecer as "leis" que regem o comportamento individual e coletivo, para assim guiar e aperfeiçoar a vida em sociedade. A sociologia poderia fazer com que os homens compreendessem a necessidade de o indivíduo estar submetido e subordinado à *ordem* social. Para Comte, era preciso respeitar a *ordem* vigente, sem abdicar da aspiração ao *progresso*. Ou seja: a sociedade e os homens devem *progredir* (desenvolver-se, transformar-se, evoluir no sentido do melhor e do mais perfeito), mas sempre dentro da *ordem* estabelecida. O lema de Comte era, portanto, "ordem e progresso" (expressão que os militares brasileiros do século XIX adotaram para figurar na bandeira do Brasil).

Segundo Comte, o progresso dentro da ordem só poderia ser feito por meio das ciências positivas, ou seja, do conhecimento que vem pela matéria. Mas se, dentre elas, a sociologia se destaca, é porque apenas por meio dela os homens poderiam compreender cientificamente, por exemplo, que o orgulho e o egoísmo individual destroem a sociedade, impedem a harmonia e a felicidade dos homens. Em seu lugar, a sociologia mostraria que o altruísmo contribui para o aperfeiçoamento social.

> A colaboração mútua, o altruísmo, o viver para o outro e não só para si mesmo não deveriam ser praticados apenas como preceitos morais: Comte vê neles a própria fonte da felicidade pessoal. Esta só pode se concretizar se o coletivo for mais importante que o individual: "[...] o homem propriamente dito não existe", escreve Comte, "existindo apenas a Humanidade". (COMTE, 1973c, p. 83)

Todo o esforço de Comte estava em mostrar que a lei geral da evolução humana levaria os homens a desenvolverem, sempre e cada vez mais, aquilo que os define: a inteligência e a sociabilidade. Esse desenvolvimento era para ele a tendência geral pela qual os homens aprenderiam que o coletivo e o social são mais ricos e mais importantes que o particular e o individual. Mais: aprenderiam que é somente da evolução social dos espíritos (inteligências, mentes) que pode nascer a felicidade pessoal. Em uma passagem de seu *Discurso sobre o espírito positivo*, Comte escreve:

> Não somente a ativa procura do bem público será, sem cessar, considerada como o modo mais próprio de assegurar comumente a felicidade privada graças a uma influência ao

> mesmo tempo mais direta e mais pura e, finalmente, mais eficaz; o mais completo exercício possível das tendências gerais tonar-se-á a principal fonte de felicidade pessoal [...]. Pois se, como não caberia disso duvidar, a *felicidade* resulta sobremaneira duma sábia atividade, deve então depender principalmente de instintos simpáticos. (COMTE, 1973c, p. 83-84)

Compreende-se o ardor de Comte em defesa da sociologia, da sociedade e de um amor pela humanidade Os ideais "científicos" de Comte o levaram inclusive ao projeto aparentemente paradoxal de uma "religião da humanidade". Comte chegou a projetar um "Grande Templo da Humanidade", onde estariam representados, em suas respectivas capelas, 14 grandes exemplares da humanidade, como Moisés, Aristóteles, São Paulo, Dante, Gutenberg, Descartes, etc. (COMTE, 1973a, p. 173). Mais: tal como no calendário católico, em que cada dia é reservado a um ou mais santos, Comte também criou o "Calendário Positivista", em que cada dia do ano seria representado por personagens que vão desde o mundo mítico (Hércules, Ulisses, por exemplo, nos primeiros dias do ano) até o universo científico moderno (Newton, Copérnico e Galileu, por exemplo, representando os últimos dias do décimo terceiro mês do imaginário ano de Comte) (COMTE, 1973a, p. 284).

Comte representa, assim, o auge do otimismo cientificista no século XIX. Encontra-se nele, talvez, a expressão máxima daquilo que o filósofo italiano Nicola Abbagnano chamou de "romantização da ciência": "A característica do Positivismo é a romantização da ciência", escreveu Abbagnano, "sua devoção como único guia da vida individual e social do homem, único conhecimento, única moral, única religião possível" (ABBAGNANO, 2000, p. 776).

Marxismo e felicidade

No século XIX, entretanto, nem todos os pensadores compartilhavam de uma visão de mundo positivista como a de Comte. O pensador alemão Karl Marx (1818-1883), por exemplo, introduzirá dissonância nessa doce melodia, com sua crítica severa ao sistema capitalista de produção e consumo, cujos efeitos sociais nocivos já não podiam ser negligenciados. Marx era um defensor da ciência, mas seu materialismo o distanciava tanto mais do positivismo de Comte quanto mais o aproximava do evolucionismo materialista de Darwin, a quem Marx fez questão de enviar alguns exemplares de *O capital*, em 1873, por acreditar na presença de fortes afinidades entre suas teorias e a de Darwin.

Marx influenciou várias gerações de filósofos, sociólogos e historiadores, desde que seus pensamentos começaram a "rondar" por toda a Europa, já a partir de meados do século XIX. Mas não só. Suas teorias tiveram influências diretas sobre muitos movimentos sociais e políticos. Das últimas décadas do século XIX a nossos dias, o pensamento marxista exerceu enorme influência sobre corações e mentes, sempre que se tratou de pensar a liberdade do homem, a transformação histórica e uma possível felicidade humana sobre a Terra.

No século XIX, pode-se dizer que problema político e social por excelência era o capitalismo e seus efeitos socioeconômicos na classe operária: exploração humana, miséria, desigualdade... Contudo, diante de tal problema, e por isso mesmo, o século também viu surgir uma alternativa ao mesmo tempo filosófica e política: o socialismo.

A crítica ao capitalismo já vinha sendo feita antes de Marx. Em 1812, trabalhadores do movimento operário inglês que ficou conhecido como *ludismo* invadiram uma fábrica e destruíram as máquinas, identificadas como símbolos da exploração e do desemprego. Os ludistas acreditavam que a liberdade e o bem-estar de todos só poderiam surgir se os operários quebrassem as máquinas ou se formassem comunidades no campo, longe das cidades e perto da natureza. A crítica ao capitalismo também vinha sendo feito por teóricos que ficaram conhecidos como *socialistas utópicos*, particularmente o inglês Robert Owen (1771-1858) e os franceses Charles Fourier (1772-1837), Conde de Saint-Simon (1760-1825) e Louis Blanc (1881-1882). Considerados pelos marxistas como reformadores sociais, eles acreditavam poder transformar toda a sociedade convencendo governantes e camadas burguesas sobre a irracionalidade do capitalismo que explorava os trabalhadores, causando miséria, desigualdade e injustiça social. A esse socialismo, Marx e seu amigo Engels opuseram o que eles chamaram de "socialismo científico", porque fundado em análises que expunham a lógica do capitalismo e as causas materiais e históricas das transformações sociais.

Buscando sempre conhecer a essência por traz das aparências, Marx obteve grandes aquisições teóricas ao tentar encontrar as causas do modo de produção capitalista. Seu pensamento não apenas mostrou os efeitos perversos do capital, mas também ofereceu uma melhor compreensão do processo real que os engendra. Para isso, Marx remontou às origens históricas de nosso atual modo de viver em sociedade. E logrou, por fim, desvendar a própria essência do capitalismo. Daniel Bensaïd, em *Marx, o intempestivo*, escreve:

> Sob o severo chicote do dinheiro, o mundo fica enraivecido. Para trazer à luz seus prodígios, é preciso, diz Marx no fim da segunda seção [do Livro I do Capital], dar as costas à gritaria do mercado, abandonar "essa esfera barulhenta onde tudo se passa na superfície", descer ao "laboratório secreto da produção", surpreender e desvelar "a produção da mais-valia, esse grande segredo da sociedade moderna". (BENSAÏD, 1999, p. 334)

Ao descer da "superfície" às "profundezas", Marx construirá uma teoria materialista da história e da sociedade. Em seu cerne, essa teoria afirma que a base determinante de nossas ações e pensamentos são sempre as causas materiais de nossa existência. Em termos mais simples, isso significa que, antes de inventar a moral, os valores, a cultura, a arte ou a filosofia, o dado essencial é que os humanos precisam comer, dormir, habitar, etc. Esses são fatores de ordem material e constituem a base material de determinação da vida dos homens, sobre a qual eles constroem outras estruturas (sociais, políticas, culturais), isto é, as formas não materiais de vida, ou seja, valores, cultura, moral, religião, ideologias, filosofias, ciências, regimes políticos, Estado, etc.). Os comentadores marxistas costumam chamar as primeiras de *infraestruturas* e as segundas de *superestruturas*. Em uma famosa passagem de *A ideologia alemã*, Marx e Engels escreveram:

> A estrutura social e o Estado nascem continuamente do processo vital de indivíduos determinados; mas desses indivíduos não tais como aparecem nas representações que fazem de si mesmos ou nas representações que os outros fazem deles, mas na sua existência *real*, isto é, tais como trabalham e produzem materialmente; portanto, do modo como atuam em bases, condições e limites materiais determinados e independentes de sua vontade. (Marx; Engels, 2007, p. 18)

Como lembram seus comentadores, Marx inverteu a dialética de Hegel, na qual o fundamento que dá origem tanto à Natureza quanto aos homens e à História se encontra na Ideia ou Espírito Absoluto. Para Marx, essa dialética estava de ponta-cabeça, e era preciso colocá-la em pé: encontra-se na base material o fundamental das ideias, da História e da cultura em geral.

Há, no entanto, uma complexa relação dialética entre a infraestrutura e a superestrutura, que faz com que a primeira seja a condição da segunda, mas não sua determinação unívoca. Em outras palavras, isso quer dizer que a base material não é a única fonte determinante da vida humana. O maior companheiro de Marx, Friedrich Engels, em uma carta de 21 de janeiro de 1890, já advertia para esse fato: "O momento determinante na história é, em última instância, a produção e a reprodução da vida real. Se alguém distorce essa proposição para forçá-la a dizer que o fator econômico é o único determinante, ele a transforma em uma frase vazia, abstrata, absurda" (Marx; Engels *apud* Balibar, 1995, p. 113).

O que Engels queria dizer é que a produção é antes de tudo a produção de uma vida real: a produção *econômica* propriamente dita (mercadorias, moeda, comércio, indústria) vem depois. O aspecto que nos interessa, para os propósitos deste livro, é o fato de que o elemento econômico, em nossa época, assume um peso gigantesco nas determinações de nossa existência individual e coletiva. Esse é um fato que, em uma perspectiva marxiana, pesa sobre nossos ombros e tem sido a causa de muitos de nossos problemas sociais, políticos, econômicos e, às vezes, até mesmo psíquicos.

As determinações econômicas, sob o modo de vida capitalista, tendem a alienar o homem de si mesmo. Por quê? É que, no capitalismo, os humanos já não são senhores de seu trabalho e dos produtos deste: trabalha para outro e produz para outro; tudo o que ele produz é destinado ao processo de troca (compra e venda), e não ao uso próprio. É verdade que isso já ocorria antes do advento do capitalismo, mas ele torna esse fato universal e constitutivo do próprio sistema, de tal modo que parece não deixar alternativa.

Se no capitalismo o homem tende a ser alienado é porque, via de regra, ele é determinado exteriormente a produzir por outro e para outro, e não por si e para si; para a circulação (trocas, comércio) e não para a produção de sua própria existência. Alienação, aqui, corresponde a se afastar de sua própria essência. O homem, segundo Marx, emerge no seio da natureza quando a transforma por meio de seu trabalho, para nela e com ela produzir sua própria existência, ou seja, tudo aquilo de que precisa para viver socialmente, vale dizer, com o outro. É isso – e não a consciência humana, a moral, a lei, etc. – que primeiro nos distingue dos animais.

Mas se, para Marx, o homem é antes de tudo esse ser que, no seio da natureza, produz, a partir dela e sempre com ela, os meios socialmente necessários a sua existência, então a ação produtiva do homem, isto é, seu trabalho, é da ordem do necessário. Para o homem, o trabalho é a produção de uma vida. O homem não pode deixar de produzir e de se reproduzir sem deixar de ser homem. Se o capitalismo desumaniza, é porque, nesse sistema, a atividade que o homem deve necessariamente empreender é de tal modo determinada pelo outro, pelo exterior, que o homem se vê separado não só dos efeitos de sua atividade produtiva (ou os produtos de seu trabalho), mas também de parte de si mesmo, já que essa sua atividade se vê limitada a produzir apenas o que interessa ao processo de troca no qual sua ação está implicada. O homem perde, assim, sua essência, mas também sua liberdade, já que é determinado não por si mesmo, mas pelo outro, a fazer o que faz.

Estamos aqui diante de um difícil problema, o da relação entre necessidade e liberdade: o homem precisa agir (trabalhar) para extrair da natureza aquilo de que necessita, mas, no capitalismo, ele o faz sob condições que suprimem sua liberdade de agir, já que é obrigado a agir para outro e determinado por outro. Como resolver esse dilema?

Em sua juventude, Marx defendeu uma tese de doutorado sobre Epicuro, na qual mostrou a inovação do atomismo epicuriano em relação aos atomismos de Leucipo e Demócrito. Na teoria destes não havia lugar para a liberdade, tudo era determinado pelo movimento linear dos átomos. Epicuro introduziu a noção de liberdade com a ideia de *climanem*, ou desvio aleatório. Se tais questões interessavam ao jovem Marx era porque ele já considerava que a vida dos humanos comportava esses dois momentos, a necessidade e a liberdade. Mas se é assim, nenhuma determinação material ou econômica é tão fatal que não deixe espaço para a liberdade. E é nesse espaço de liberdade que se encontra toda a possibilidade de transformação social, capaz de suprimir as causas das infelicidades promovidas por um modo de produção intrínseca e sistematicamente injusto e opressor. É no campo da liberdade que se coloca a possibilidade da revolução.

No fundo, a teoria marxista era movida pelo desejo de libertação dos homens e das mulheres submetidos às contradições e às injustiças do capitalismo. Para Marx, a "luta de classes" é o motor da história, tal como a conhecemos até hoje. Mas a partir da Modernidade capitalista, a luta se acirra, torna-se mais visível e plena de efeitos. Veem-se agora claramente as duas classes em luta: a burguesia, detentora dos meios de produção, e o proletariado, cujo único meio de sobrevivência é a venda de sua própria força de trabalho, sua mão de obra. E o trabalhador vende sua força produtiva em um mercado de trabalho em que a mão de obra está sujeita à lei econômica da oferta e da procura. O trabalhador se torna então uma mercadoria entre outras produzidas pelo conjunto dos trabalhadores.

Essa contradição faz com que a tendência geral, no capitalismo, seja sempre a concentração da renda nas mãos de poucos, acompanhada do empobrecimento de um número considerável de trabalhadores. É por isso que o século XIX verá surgir várias tentativas de revolução social, das quais a Comuna de Paris, em 1871, foi a mais significativa. O que tais tentativas tinham no horizonte era a transformação da sociedade, o fim da exploração do trabalhador e das injustiças sociais. Os movimentos revolucionários mais diretamente influenciados pelo marxismo lutavam pela abolição da propriedade privada dos meios de produção e, consequentemente, lutavam pelo fim da cisão da sociedade em classes proprietárias e desapropriadas, dominantes e dominadas, ricas e pobres. A busca da transformação social pela via da revolução, no entanto, atravessará os tempos e chegará ao século XX: os melhores exemplos são a Revolução de 1917, na Rússia, e a Revolução de 1959, em Cuba, revoluções que, entre outras, constituíram o chamado "socialismo real".

As revoluções socialistas do século XX foram diretamente inspiradas pelas teorias de Karl Marx, que se constituíram sobretudo como crítica teórica e alternativa política ao capitalismo e suas contradições internas. No limite, elas representaram um caminho possível pelo qual as sociedades poderiam chegar a um mundo melhor e mais feliz. Na imagem, vemos soldados bolcheviques caminham por uma rua de Moscou, durante a Revolução Russa de 1917, acompanhados por civis.

Os marxistas, desde o XIX e durante todo o século XX, pensarão sempre no caminho da revolução, quando se trata de pensar o fim de tudo aquilo que causa sofrimento e tristeza aos povos e às nações. Para os filósofos dessa vertente, a felicidade e a emancipação de cada um de nós não podem sequer ser pensadas antes que as contradições sociais do capitalismo sejam resolvidas.

Figura 15. Desfile de soldados bolcheviques, 1917
As revoluções socialistas do século XX foram diretamente inspiradas pelas teorias de Karl Marx, que se constituíram sobretudo como crítica teórica e alternativa política ao capitalismo e suas contradições internas. No limite, elas representaram um caminho possível pelo qual as sociedades poderiam chegar a um mundo melhor e mais feliz. Na imagem, soldados bolcheviques caminham por uma rua de Moscou, durante a Revolução Russa de 1917, acompanhados por civis.

> Uma vez que as principais causas da infelicidade dos homens se encontram no modo de produção, nas relações de trabalho e nas lutas de classes, é preciso antes remover ou eliminar esses obstáculos sociais e históricos, para que sejam criadas as *condições sociais e materiais* a partir das quais os homens possam encontrar sua felicidade, seja individual, seja coletiva.

Em uma palavra, a transformação social e histórica é uma pré-condição para a felicidade de cada um e de todos. Daí a esperança dos marxistas – políticos ou filósofos – nas revoluções de esquerda, na transformação social levada a cabo pelos trabalhadores, pelos oprimidos, por todos aqueles que sofriam (e ainda sofrem) os efeitos maléficos e perversos do modo de vida capitalista. O socialismo foi (e para muitos ainda é) o sonho marxista de felicidade coletiva. As revoluções do século XX tratarão de mostrar o quanto tal sonho é realizável, na prática, mas também o quanto ele esbarra em limites e obstáculos, tanto objetivos quanto subjetivos.

Afirmação da vida e felicidade em Nietzsche

Assim como Marx, outro filósofo alemão, Friedrich Wilhelm Nietzsche (1844-1900), foi uma voz destoante no século XIX. Quando ele morreu, às vésperas do século XX, em Weimar, Alemanha, a solidão e a loucura o acompanhavam. Sabe-se, no entanto, que durante seu período produtivo, Nietzsche, mais que muitos outros filósofos, lutou contra a tristeza e a dor, embora ele o tenha feito de uma maneira que pode nos parecer paradoxal. Com efeito, em alguns trechos de suas obras, ele conta que esteve muito doente por alguns períodos, mas se esforçava, então, para extrair deles uma capacidade maior de refletir com mais lucidez. Em vez de negar a dor, procurava viver e pensar com ela, aceitando plenamente a condição de seu corpo doente. De acordo com Nietzsche, ao parar de lutar contra a dor, ele percebia que ela cedia lugar à saúde... No momento da doença, lutar contra a dor é se consumir ainda, é tornar o corpo ainda mais fraco, é piorar de saúde. Nietzsche, então, afirmava: "Porque nos consumiríamos muito rapidamente *se* reagíssemos, não reagimos mais: esta é a lógica" (NIETZSCHE, 1995, p. 30).

O que Nietzsche afirma da doença vale para a vida de um modo geral. Se há uma felicidade para o homem, ela passa pela afirmação e pela aceitação da vida como ela é, com toda a dor e todo o sofrimento que ela envolve. Mas a vida, Nietzsche o sabia muito bem, não é apenas dor e sofrimento. Alegria, gozo, prazer, beleza, encantamento, amor, doçura, arte, ideias, tudo isso compõe nossa existência. É preciso dizer sim à vida em sua plenitude. Essa afirmação do real aparece sobretudo através da noção de *eterno retorno do mesmo*, isto é, a ideia de um tempo-espaço cíclico em que, a partir de certo ponto e momento, todas as coisas e todos os eventos voltam a ocorrer exatamente como ocorreram no passado. Em uma famosa passagem de *A gaia ciência*, Nietzsche escreve sobre o *eterno retorno*:

> E se um dia ou uma noite um demônio se esgueirasse em tua mais solitária solidão e te dissesse: "Esta vida, assim como tu a vives agora e como a viveste, terás de vivê-la uma vez e ainda inúmeras vezes; e não haverá nela nada de novo, cada dor e cada prazer e cada pensamento e suspiro e tudo o que há de indizivelmente pequeno e de grande em tua vida há de retornar, e tudo na mesma ordem e sequência [...]. A eterna ampulheta da existência será sempre virada outra vez! [...] como terias de ficar bem contigo mesmo e com a vida, para não *desejar* nada *mais* do que essa última, eterna confirmação e chancela? (NIETZSCHE, 2001, p. 230)

Para o filósofo, aceitar o eterno retorno, ainda que hipoteticamente ("E se...", ele escreve), equivale a aceitar a vida plenamente, tal como ela é.

Mas o problema, para Nietzsche, é que todas as metafísicas (de Platão a Schopenhauer) e todas as religiões (do antigo judaísmo ao protestantismo) haviam feito justamente o contrário: negaram o mundo, a vida, a existência humana tal como eles são, para remeter o homem sempre a um além transcendente, que seria a fonte da vida, dos valores, do conhecimento, etc. Ele acreditava, todavia, que, com o avanço da Modernidade, a metafísica e a religião estavam em decadência. Foi isso o que ele quis dizer com esta famosa frase: "Deus está morto" (NIETZSCHE, 2001, p. 135; 148). Em todo caso, é contra as metafísicas e as religiões que, de sua parte, ergue-se toda a obra de Nietzsche.

Nietzsche foi particularmente crítico do cristianismo, por sua presença profunda e marcante tanto na cultura do Ocidente, de um modo geral, quanto na filosofia, em particular. Filho de pai protestante, condenou porém com veemência o cristianismo – sobretudo em sua obra *O anticristo* –, porque, segundo ele, o advento do cristianismo teria nos legado uma moral *ascética*, que dirige o corpo do homem não para o que ele é, mas para um outro mundo que não nos diz respeito, sendo portanto uma moral que engana e que nega nossos desejos e nossas paixões reais. Por isso, há no pensamento nietzschiano uma filosofia da vida, e antes de tudo da vida humana, que afirma explicitamente o valor das paixões, dos desejos e dos prazeres, cuja efetividade é a nossa condição mesma de existir. Negando tudo isso, o homem não pode ser feliz, porque não se pode ser feliz negando-se a si mesmo. Se certas paixões envolvem tristeza e sofrimento, nem por isso temos de negá-las ou evitá-las. É preciso afirmar a vida em sua plenitude, ainda que das alegrias possam brotar tristezas; é o que Nietzsche chamou de "a felicidade de Homero":

> Ter finos sentidos e um gosto apurado; estar habituado às mais seletas e melhores coisas do espírito, como se fossem o alimento simples e adequado; fruir de uma alma forte, ousada, temerária; atravessar a vida com olhar tranquilo e passo firme, pronto para ir ao extremo como a uma festa, e pleno de ânsia por mundos e mares, homens e deuses ainda não descobertos; dar ouvidos a toda música jovial, como se valentes seres, soldados, navegantes, ali fizessem um breve descanso e diversão, e no mais profundo gozo do momento ser subjugado pelas lágrimas e por toda a purpúrea melancolia de quem é feliz: que pessoa não desejaria que tudo isso fosse justamente sua posse, seu estado? Foi a felicidade de Homero! (NIETZSCHE, 2001, p. 204-205)

Nietzsche, contudo, não desconhecia os perigos presentes nessa experiência afetiva de afirmação plena da vida. Pois, para ele, quanto mais se está ou se tem os sentidos voltados para o melhor, para o gozo dos bens mundanos, para as coisas alegres, às vezes até ao extremo, mais suscetível se é à tristeza, às lágrimas. É o que o filósofo chamava de "o perigo do mais feliz":

> Mas não ocultemos o seguinte: quem tem na alma esta felicidade de Homero é também a criatura mais capaz de sofrimento que existe sob o sol! E apenas a esse custo é comprada a mais preciosa concha que até hoje as vagas da existência lançaram à praia! Possuindo-a, tornamo-nos cada vez mais refinados na dor, e enfim refinados de mais: um leve abatimento e desgosto foi o bastante para, no fim, estragar a vida a Homero. (NIETZSCHE, 2001, p. 205)

Vemos que essa "felicidade" envolve os perigos das paixões, que podem nos dispor a um estado capaz de abalar facilmente nosso ânimo, transportando-nos, em um átimo, do gozo da alegria para o sentimento de tristeza, melancolia e impotência.

Mas por isso mesmo o autor de *Humano, demasiado humano* não faz uma defesa leviana das paixões. É verdade que ele se autodenominava Dionísio, deus grego que simboliza o prazer, a intemperança e a desmedida. A essa figura mítica, entretanto, ele contrapunha outra: a de Apolo, deus grego que simboliza o conhecimento, a temperança e a medida. Ao problema do perigo das paixões e seus excessos, Nietzsche permite, assim, a entrada de Apolo em suas concepções. Em *A gaia ciência*, ele nos diz que é preciso ter um *espírito* preparado para a vivência de certas paixões. Ele estabelece uma diferença entre *viver uma paixão* e desenvolver apenas uma *disposição para a paixão* (isso seria o que ocorre mais frequentemente). *Viver* uma paixão é vivenciá-la em sua efetividade. Algumas paixões, diz Nietzsche, permitem-nos alcançar a esfera do êxtase e do sublime, atingindo um estado de ânimo a partir do qual "a beleza derrama sua magia". No entanto, isso exige preparo; caso contrário, perde-se a "medida e a melodia" das paixões, e assim, diria ele, não se "faz bonito" (NIETZSCHE, 2001, p. 131). Mas como? O que oferece tal preparo? O que permite viver as paixões em sua medida, sem que elas se tornem um excesso ou algo nocivo, não em si mesmas, mas *para aquele que as vive*?

É aqui que Apolo entra em cena. Nietzsche, curiosamente, defende a ciência como forma de evitar os excessos das paixões:

"as ilusões, parcialidade, paixões devem ser usadas para aquecer", segundo ele, "e mediante o conhecimento científico deve-se evitar as consequências malignas e perigosas de um superaquecimento" (NIETZSCHE, 2000, p. 173). As paixões, em Nietzsche, são fonte de vida e constituem a energia necessária que mantém a "vontade de potência"; mas precisam ser reguladas pelo conhecimento científico, e assim se pode algo contra possíveis efeitos maléficos das próprias paixões, contra seus excessos ("superaquecimento"). Por exemplo, a biologia, a química e a medicina podem nos mostrar os processos fisiológicos e neurobiológicos de certos estados do corpo envolvidos na ingestão de alguns alimentos, remédios ou substâncias psicoativas. Tais conhecimentos auxiliam a diminuição e/ou a neutralização da dor.

Jamais poderíamos ser felizes sem as paixões, porque antes de tudo – antes mesmo de ser feliz – o que importa para Nietzsche é ser o que se é, e, para ele, nós somos desejo e paixão.

Contudo, poderíamos perguntar: se Nietzsche defende a efetividade e a vivência das paixões, por que busca no conhecimento alguma solução para o problema do excesso das paixões? Não deveríamos simplesmente aceitá-las, uma vez que elas são um fato de nossa existência? Mais: não deveríamos aceitar aquilo mesmo que constitui a carne, a energia da própria vida?

O problema, segundo o próprio Nietzsche, é que o "fogo" das paixões nos encerra em *opiniões* fechadas que nos enrijecem em seus conteúdos, fazendo-nos crer em uma suposta certeza da opinião; e assim nos tornamos cegos e dogmáticos. Já o *conhecimento* é mais útil, porque, curiosamente, em vez de nos oferecer certeza, torna-nos livres para não pararmos nem aqui nem ali, não abraçarmos apaixonadamente esta ou aquela afirmação, como se ela fosse a verdade última da existência e da vida. Manter o espírito livre, como um andarilho que viaja sem destino, livre das certezas da ciência e da filosofia, um pouco à maneira dos antigos céticos; livre, sobretudo, da certeza dos valores morais, das convicções de bem e mal eis o que, no essencial, constituía a felicidade em Nietzsche:

Quem alcançou em alguma medida a liberdade da razão, não pode se sentir mais do que um andarilho sobre a Terra – e não um viajante que se dirige a uma meta final: pois esta não existe. Mas ele obedecerá e terá olhos abertos para tudo quanto realmente sucede no mundo; por isso, não pode atrelar o coração com muita firmeza a nada em particular; nele deve existir algo de errante, que tenha alegria na mudança e na passagem (NIETZSCHE, 2000, p. 306).

> Felicidade, em Nietzsche, não se faz sem liberdade, que é antes de tudo *liberdade da razão*. Ela permite ser "andarilho", isto é, aquele que não para nem aqui nem ali; que aceita o mundo como passagens, como mudança e transformação, não só das coisas e do conhecimento, mas também e sobretudo dos valores; aquele que, por isso, não se apega a nada em particular; e que, por tudo isso, sente-se em casa em toda parte, "na montanha, na floresta, na solidão" (NIETZSCHE, 2000, p. 306).

* * *

Marx e Nietzsche, como sugerimos anteriormente, foram vozes que destoaram do coro otimista do século XIX, que via na razão cientificista e no progresso material os motores de uma evolução social inexorável, ainda que os efeitos nocivos do capital fossem visíveis já desde o início do século. O tempo trataria de mostrar a ilusão em que estavam enredados aqueles que só podiam enxergar as aparências de um mundo que fervilhava e por vezes fazia eclodir revoltas e tentativas revolucionárias. Todo o otimismo da época, que acreditava que as ciências poderiam emancipar os homens, aperfeiçoá-los, fazê-los evoluir e progredir a tal ponto que pudessem ser felizes, tanto do ponto de vista individual como do social, tudo isso estava fadado a ruir e desmoronar. À medida que o transcorrer inexorável do tempo aproximava os homens das catástrofes sociais e políticas do século

XX, os ideais iluministas dos "tempos modernos" foram sendo profundamente abalados.

Na verdade, antes que tais catástrofes chegassem, os movimentos da "grande cultura ocidental" já tinham dado mostras do quanto a história não tem nada de linear. Quando os primeiros modernos, contra a Igreja e os teólogos, saíram em defesa do homem e da razão, não deixaram Deus para trás. Bacon, vimos, quis um dia restaurar a felicidade perdida com a Queda adâmica: sua defesa da ciência ainda era feita, de certo modo, em nome de Deus. Descartes, esse grande racionalista, pressupunha em seu sistema um Deus incompreensível que livremente teria criado as "verdades eternas", que os filósofos e cientistas podiam conhecer com razão infalível.

Haveria muitos outros exemplos, que inclusive não tratamos neste capítulo, dos caminhos tortuosos da razão na Modernidade. Kant é um deles. Em sua *Crítica da razão pura*, trata de demonstrar a impossibilidade da metafísica e, portanto, no limite, da demonstração da existência e da essência de Deus; mas, justamente por isso, em sua *Crítica da faculdade de julgar*, defenderá a necessidade da fé e da teologia, para garantir alguma base ou fundamento à moral. Como se diz, Deus, fé e teologia, no sistema de Kant, acabam entrando pela porta dos fundos.

Que a história não caminhava para seu melhor, que a razão e a ciência não cumpriam as promessas de progresso e de evolução dos espíritos não era algo fácil de vislumbrar em um período tão otimista com seus próprios ideais. Era preciso um deslocamento do olhar, uma mudança de perspectiva que livrasse os pensadores das amarras de seus próprios conceitos, de seus próprios ideais, para que pudessem ver o outro lado dos rumos da história, seu lado, por assim dizer, material, concreto. Daí a importância de um pensamento como o de Marx, que não apenas fez a crítica das metafísicas idealistas, incluindo a de Hegel, como também refletiu criticamente sobre uma dimensão central do período moderno: a economia, o capitalismo. Trouxe assim para o campo da reflexão um aspecto até então, como diz um historiador da filosofia, "praticamente ausente da análise dos filósofos desde a Antiguidade": o trabalho humano (MARCONDES, 2007, p. 234).

A importância de Marx como pensador moderno talvez esteja em ter visto problemas onde outros só viam a evolução e o progresso inexorável da razão, das ciências, da cultura e da economia. Mas pelo menos desde a segunda metade do século XVIII o capitalismo já se mostrava como elemento perturbador da "ordem" e do "progresso". A partir dele, não se podia mais negar que algo não ia lá muito bem e que história começava a sair do prumo. Mais que qualquer outro pensador, Marx viu isso e propôs outro rumo para a história. Ele mesmo, como sugerimos anteriormente, acreditava na ciência e na evolução dos homens, mas não nos rumos que elas estavam tomando sob as determinações do modo de produção capitalista.

O século XX verá o embate entre a Modernidade que tínhamos, comandada pelo modo de vida capitalista, e outra que muitos homens e mulheres sonharam poder realizar, orientada para o socialismo. Em meio aos embates, houve a catástrofe de duas grandes guerras, após as quais a chamada sociedade ocidental teve de retomar a vida. Nessa retomada, alguns pensadores contemporâneos, como veremos, não deixarão de se colocar, uma vez mais, o sempre relevante tema da felicidade.

Sugestão de leitura:

GREENBLATT, Stephen. **A virada: o nascimento do mundo moderno**. São Paulo: Companhia das Letras, 2012. 291 p.

Para um aprofundamento da compreensão sobre as origens da Modernidade, este livro é extraordinário. Ele trata da redescoberta, nos inícios do século XV, do famoso poema de Lucrécio, *De rerum natura* (*Sobre a natureza das coisas* ou simplesmente *Da natureza*), que é uma exposição fiel e poética do pensamento de Epicuro. Escrito no século I a.C., o texto ficará esquecido por muitos séculos, até ser redescoberto, em 1417, por um humanista chamado Poggio Bracciolini (1380-1459). Greenblatt – que é historiador e crítico literário, estudioso da obra de Shakespeare e do Renascimento – reconstitui com elegância a história do próprio Bracciolini, que, tendo vindo das camadas populares de Florença, alcançou o auge da carreira como primeiro secretário na cúria do "execrável" papa João XXIII, nome adotado por Baldassare Cossa, o qual, de tão "execrável", foi condenado à prisão pela Igreja e teve seu nome riscado da lista de papas existentes e redisponibilizado (será adotado novamente apenas no século XX).

O livro de Greenblatt oferece um belo quadro dos inícios da Modernidade, ao mostrar o papel dos humanistas italianos, que, desde o século XIV, eram verdadeiros "caçadores de livros", aos quais devemos a redescoberta de muitas obras importantes a que hoje podemos ter acesso. Dentre essas redescobertas, o autor atribui um papel especial ao *De rerum natura*, de Lucrécio, por se tratar de uma obra cujo conteúdo era extremamente subversivo aos olhos da filosofia cristã dominante: além de defender o prazer como "princípio e fim" da vida, pregava um materialismo que viria a ser uma das características centrais da Modernidade. Imperdível.

Sugestão de filme:

ESPINOSA: apóstolo da razão. Direção: Christopher Spencer. Inglaterra: 1994. 52 min., son., color. Disponível em: <http://www.youtube.com/watch?v=pVpEcMqDbUc>.

Belo filme sobre a vida do filósofo Baruch de Espinosa (1632-1677), ambientado na Holanda da segunda metade do século

XVII. Trata-se de um filme bastante recomendável não apenas para compreender um pouco o contexto histórico, político e social de Espinosa, mas também para ilustrar o quanto o período moderno se constitui em uma luta contra antigos paradigmas da tradição judaico-cristã. Além disso, o filme é importante sobretudo por mostrar, por um lado, alguns momentos cruciais da vida de Espinosa, particularmente as acusações, a relação tensa com a comunidade judaica de Amsterdã, da qual Espinosa era originário e da qual foi expulso pelos rabinos. Por outro lado, a importância do filme está em mostrar alguns aspectos centrais do pensamento do filósofo: suas posições políticas republicanas e democráticas, sua concepção de Deus e sua noção de felicidade. Esta última aparece em um belo diálogo entre Espinosa e a empregada da pensão onde morava.

Com cores e uma fotografia inspiradas na atmosfera das obras dos grandes mestres da pintura holandesa do XVII, como Rembrandt, Vermeer, Jan Steen e Frans Hals, o filme termina ainda com um belo poema do escritor Jorge Luis Borges sobre Espinosa.

Sugestão de documentário:

NIETZSCHE, ainda há tantas auroras. Curador: Oswaldo Giacoia Jr. São Paulo, 2009. 44 min. Disponível em: <http://www.youtube.com/watch?v=vcTt2bOYitw>.

Parte do programa Balanço do Século XX, Paradigmas do Século XXI, gravado no Espaço Cultural CPFL, em São Paulo, esse vídeo é uma ótima aula sobre o pensamento de Nietzsche, ministrada pelo filósofo e professor da Unicamp Oswaldo Giacoia Jr. As reflexões nietzschianas nos levam a pensar particularmente o problema da crise contemporânea (política, cultural, econômica, moral e social). Em meio à fala do professor, são citadas e reproduzidas na tela passagens de algumas obras de Nietzsche, como *A gaia ciência*, *Aurora*, *Ecce homo* e *Genealogia da moral*. Na aula, o conceito de *transvaloração dos valores* ocupa lugar de destaque, mas o espectador acaba por adquirir uma boa visão sobre o pensamento de Nietzsche em geral. Vale a pena.

CAPÍTULO 5
A FELICIDADE ENTRE OS CONTEMPORÂNEOS

Catástrofes, contradições e a "nova" felicidade

> *No sentido mais amplo do progresso do pensamento, o esclarecimento tem perseguido sempre o objetivo de livrar os homens do medo e de investi-los na posição de senhores. Mas a terra totalmente esclarecida resplandece sob o signo de uma calamidade triunfal* (HORKHEIMER; ADORNO, 1985, p. 19).

Os filósofos alemães Max Horkheimer e Theodor Adorno escreveram essa passagem em 1944, quando a Segunda Guerra Mundial estava chegando ao fim, mas não tinha ainda terminado de fazer todos os seus estragos... Tanto na Primeira Guerra (1914-1918) quanto na Segunda (1939-1945), milhares de pessoas morreram nos combates, nas frentes de batalha ou então pela fome e pelas doenças que toda guerra traz. Mas na Segunda Guerra houve um fato novo que todos nós conhecemos: o nazismo, os campos de concentração e os milhões de judeus mortos, mas também ciganos, homossexuais e idosos com problemas de saúde mental, anarquistas, socialistas e comunistas. O que então se viu foi uma *política* de extermínio em massa, uma "calamidade" de grandes proporções levada a cabo pelo Estado nazista, não sem algum apoio, explícito ou implícito, de parte considerável da população. Somente ao final da guerra a população europeia se daria conta, estarrecida, do tamanho da catástrofe. E é a ela que Adorno e Horkheimer se referem, quando dizem "calamidade triunfal".

O que impressiona no regime nazista de Adolf Hitler não é tanto o número de mortos na guerra (por si só chocante, é verdade), mas o modo como foi conduzido, sob certa anuência tácita da população alemã e de outros países, dentro e fora da Europa. Os campos de concentração foram *planejados*; e tudo o que neles ocorreu – as mortes por fome, tortura física ou psicológica, a queima dos corpos, as valas comuns onde eram enterrados – foi pensado, calculado, submetido aos chefes militares administradores.

Isso significa que a *razão*, orientando ações de administração e planejamento, estava a serviço da dominação, do extermínio e do genocídio. A Razão europeia, como diziam Adorno e Horkheimer, tornara-se *razão instrumental*, que apenas avalia os *meios* em função dos *fins* que ela estabelece: se a prosperidade da população alemã (*fim*) também implicava ser uma "raça pura", o extermínio (*meio*) dos não puros – judeus, ciganos, homossexuais e idosos inválidos – haveria de ser feito. Eis a "calamidade": a razão, o conhecimento, a ciência, tudo aquilo que, durante o Iluminismo, a Europa acreditara que poderia levar enfim à emancipação política e à prosperidade social parecia estar levando à barbárie.

Para os propósitos de nosso tema, a pergunta que se coloca é: como aspirar à felicidade em um mundo de calamidade, barbárie, dominação e desesperança, em que a razão e a ciência não podem mais cumprir suas promessas de prosperidade coletiva?

O otimismo moderno, do qual falamos no capítulo anterior e que alcança seu auge com o Iluminismo do século XVIII e o positivismo do XIX, durou, pode-se dizer, até a metade da segunda década do século XX, quando então eclodiu a Primeira Guerra Mundial, em 1914, a qual terminaria quatro anos depois, deixando um saldo de milhares de mortos, crises econômicas, ressentimento entre as nações, desconfiança das instituições políticas liberais e,

Figura 16. Cena do filme *Tempos Modernos*

Nas primeiras décadas do século XX, ficou claro para muitos que algo não ia bem. Guerras, desemprego, fome e exclusão social pareciam pôr fim ao otimismo cientificista dos períodos iluminista e positivista.

Na imagem, cena clássica de *Tempos modernos* (1936), filme dirigido e estrelado por Charles Chaplin (1889-1977). O filme é uma crítica ao capitalismo, com sua mecanização e alienação do trabalhador humano. A imagem nos mostra a personagem "engolida" pelas engrenagens da máquina; além disso, um ser humano no meio das engrenagens significa que em algum momento a máquina irá emperrar, deixando de funcionar. Chaplin representa, aqui, o descompasso entre desenvolvimento tecnológico e desenvolvimento humano.

consequentemente, abertura para o crescimento de regimes autoritários. Tudo isso levaria à Segunda Guerra Mundial, cujo saldo catastrófico foi muito maior que o da Primeira. A esse período o historiador Eric Hobsbawm chamou de "a era da catástrofe" (HOBSBAWM, 1995, p. 27).

A partir dos anos 1950, os Estados Unidos e a Europa iriam passar por um momento de relativa paz e prosperidade *internas*, mas não sem a promoção de conflitos externos. De fato, trata-se aí do período da Guerra Fria, em que a luta polarizada entre os Estados Unidos e a ex-União Soviética, e portanto entre capitalismo e comunismo, fazia-se, entre outras coisas, pelo apoio a ditaduras de direita e de esquerda, em países da Ásia, do Leste Europeu, do Oriente Médio, da África e da América Latina. E antes que a Guerra Fria tivesse terminado, novas catástrofes ressurgiriam nas décadas de 1980 e 1990, com a sangrenta guerra nos Bálcãs, o acirramento dos conflitos no Oriente Médio e na África do Sul, assim como em outras regiões do continente africano que ainda vivem as consequências nefastas do neocolonialismo do século XIX.

No entanto, no século XX nem tudo foram catástrofes... Trata-se de um século intrigante, fascinante sob certos aspectos e marcado por profundas contradições. O próprio Eric Hobsbawm o qualificou de "era dos extremos" (HOBSBAWM, 1995). Por quê? É que quando observamos os acontecimentos do século XX, temos a impressão de ver um período no qual, ao lado das maiores catástrofes políticas e ecológicas, realizaram-se as maiores conquistas da humanidade. Um bom exemplo é a própria ciência, que nesse período avançou como nunca. A maior parte das grandes descobertas científicas se encontram no século XX. Mas, por outro lado, nunca a ciência esteve tão intimamente ligada aos serviços e interesses bélicos (estima-se que, entre os anos 1960 e 1970, 90 por cento dos grandes físicos, matemáticos e engenheiros eletrônicos estavam empregados nos departamentos militares dos Estados Unidos e da ex-União Soviética). Também os produtos tecnológicos derivados dessas descobertas científicas alcançaram as casas de parte considerável da população mundial, com o avanço das forças produtivas (ou meios de produção) do capitalismo globalizado. Mas, ao mesmo tempo (e por isso mesmo!), nunca houve tanta fome, exclusão e pobreza no mundo.

No campo social e político, as contradições são igualmente visíveis. O século XX viu surgir os mais obscuros e autoritários regimes políticos (o nazismo alemão, o fascismo italiano, os regimes militares da América Latina e da África neocolonizada); e, no entanto, viu também uma revolução cultural marcada por conquistas de novos valores na esfera sexual e de novos direitos femininos; viu ainda a conquista de novos direitos políticos e civis, como a universalização do direito ao voto, à educação, à saúde e ao lazer, assim como o fim dos racismos institucionalizados, seja nos Estados Unidos dos anos 1950, seja na África do Sul na década de 1990, com a libertação do grande líder Nelson Mandela (1918-2013).

Mas o fato é que, não obstante todas as conquistas do século, parece restar um sentimento de que algo não vai bem, de que a miséria, a violência, a exclusão e os desastres ecológicos parecem inevitáveis... E esse sentimento geral e difuso vale inclusive para nós, que já adentramos o século XXI e o novo milênio.

Entre os vários acontecimentos históricos que fizeram o antigo modo de vida medieval ruir e ceder lugar ao mundo moderno, um deles foi particularmente decisivo e, diriam alguns especialistas, central: o capitalismo. De fato, mais que as reformas religiosas protestantes; mais que o novo espírito científico e filosófico; mais que o desenvolvimento da imprensa, dos meios de comunicação e transporte; mais que todo o desenvolvimento tecnológico e sua relativa popularização; mais que tudo isso, a característica marcante da Modernidade parece ser o próprio capitalismo, como modo de produção material que influencia e às vezes comanda as outras esferas da vida, como a arte, a moral, a religião, o conhecimento, etc. As investidas neocolonialistas das grandes potências europeias e dos Estados Unidos sobre a África, nas últimas décadas do século XIX, em busca de novos mercados consumidores, com a desculpa de levar a "civilização" aos "bárbaros", estiveram nas raízes da Primeira Guerra e, portanto, também da Segunda. Quase todo o desenvolvimento tecnológico do século XX – no que se refere não só às comunicações e ao transporte, mas também aos objetos do cotidiano – tiveram origem ou estímulo no campo das atividades bélicas, ou seja, nasceram da guerra. O capitalismo, como se diz, "produz maravilhas", mas também produz exclusão e destruição ambiental.

Aí está, talvez, o maior legado da Modernidade – o *capitalismo*. Mas é nesse sistema, é nesse mundo contraditório que nós vivemos.

E é como se não conseguíssemos sair dele. Assim, nós vemos, por exemplo, o tamanho dos problemas ecológicos e da exclusão social que ele causa; sabemos disso, ficamos indignados, mas parece não haver alternativa. Como vimos anteriormente, os maiores críticos do capitalismo, os marxistas, detectando desde o século XIX, com Karl Marx, os problemas reais de nossa modernidade, mostraram uma alternativa, o *socialismo*. Mas após as experiências reais de aplicação das teorias marxistas, como na ex-União Soviética; após a queda do muro de Berlim e a crise de Cuba, sufocada pelos Estados Unidos, assim como o exemplo de uma China capitalista na economia, mas comunista na política; após tudo isso a sensação de muitos é a de que estaríamos enredados em um sistema do qual somos impotentes para sair.

Há certo equívoco em todo esse imaginário social da atualidade, mas o fato é que ele permite compreender, de certa maneira, aquele sentimento geral e difuso de desconforto, sobretudo quanto ao futuro, diante de nosso mundo real. E é claro que, com esse sentimento, fica realmente difícil pensar novos caminhos que levem à felicidade. Todavia, veremos, na sequência, que alguns filósofos, pelo menos desde meados do século XX, foram e estão sendo capazes de assumir essa tão importante tarefa, que, ao lado da busca da verdade, sempre esteve no centro da vocação filosófica: pensar a sabedoria e a felicidade humana.

Sartre e a felicidade absurda de Camus

No século XX, o *existencialismo* foi uma das correntes filosóficas mais influentes entre os intelectuais. Jean-Paul Sartre (1905-1980) foi o principal porta-voz dessa corrente. Na verdade, Sartre, que também era marxista, foi o criador de um existencialismo *radicalmente humanista*, como ele mesmo afirmara certa vez.

O existencialismo parte da ideia de que a *existência* precede a *essência*. O que isso quer dizer? Significa que primeiro o homem *existe*, está aí no mundo, com seu corpo e sua mente; só depois ele se *define*, se descobre, toma consciência de si. Só que em Sartre o existencialismo é radicalmente um *humanismo*. E o humanismo radical significa que o homem está só no mundo, com seu corpo e sua consciência apenas; sem Deus, abandonado, lançado ao mundo, onde existem outras tantas coisas, seja as naturais, seja os objetos criados pelo homem a partir da natureza (lembremos sempre da frase de Nietzsche que é quase um lema no século XX: "Deus está morto").

Para Sartre, não há nenhum Deus que possa garantir a verdade de qualquer essência prévia à existência. O ateísmo de Sartre vai mais longe: ainda que Deus existisse, isso não mudaria a situação do homem no mundo; a existência continuaria sendo o fato primeiro, e o homem continuaria tendo de sair em busca de si mesmo, de sua essência, a qual, portanto, só poderia ser *construída* por ele mesmo. Mas o homem é dotado de consciência, e isso implica que suas ações não seguem apenas as determinações naturais de seu corpo, como uma máquina ou um processo natural qualquer: o homem é dotado de livre escolha ou livre-arbítrio. Ele é portanto livre para escolher ser o que quiser. É nesse sentido que sua essência (aquilo que ele é) vem depois de sua existência. No entanto, é sempre em meio aos homens, à história e à política que os homens exercem suas escolhas e praticam seus atos. É aí que sua liberdade ganha sentido e concretude. A liberdade, por isso, só faz sentido, para Sartre, quando, no exercício dela, o homem atende aos apelos de sua vida, de seu meio e de sua época. Sem isso, ela continua sendo liberdade, mas é inútil.

O existencialismo de Sartre implica que o homem está condenado a ser livre, isto é, a fazer o que quer que seja, no exercício de sua liberdade, assumindo todos os riscos e todas as responsabilidades por seus atos. Se as consequências dos atos de alguém são o tédio, a melancolia e a tristeza, por exemplo, para si ou para os outros, pouco importa: aquele que pratica tais atos terá de assumir a responsabilidade por eles. O importante é que ele seja si mesmo, que faça o que sua consciência mande, naquele momento, naquele lugar. Essa liberdade era aos olhos de Sartre mais importante que a felicidade, pois muitas vezes não podemos prever as consequências de nossos atos.

Contemporâneo de Sartre, Albert Camus (1913-1960) também era ateu e humanista. Mas a essa realidade descrita por Sartre – existência nua, o homem só, jogado em um mundo sem Deus e livre para ser o que for – ele dava o nome de *absurdo*. De certa forma, também em Sartre a existência em geral era um absurdo, já que sem sentido. Contudo, Sartre concebeu a possibilidade de o homem encontrar sentido para a vida e a existência, ao conceber a liberdade engajada em projetos (individuais ou privados, coletivos ou políticos): a existência é absurdo, mas o homem é livre até mesmo para criar sentido. Em Camus, ao contrário, o absurdo era algo intransponível. No entanto, curiosamente, enquanto a Sartre não interessava ser feliz, mas sim autenticamente livre, Camus verá uma possibilidade de felicidade justamente na tomada plena de consciência do absurdo no mundo, na vida e na existência em geral.

Figura 17. Albert Camus. Fotografia de Robert Edwards

Albert Camus, contemporâneo de Sartre, e prêmio Nobel como ele, teve seu trabalho marcado pelas Guerras. Provavelmente por isso elaborou seu conceito de absurdo. No entanto, considerava que na consciência mesma do absurdo estava uma via de acesso à uma felicidade possível em nossa época.

Para Camus, o sentimento do absurdo pode brotar em uma vida humana a qualquer momento, no meio das atividades mais corriqueiras e cotidianas. É quando nos perguntamos: "Tudo bem, mas e daí? Para quê? Por que essa vida? Qual o seu sentido?", mas ao mesmo tempo não encontramos resposta satisfatória. É que essas perguntas já são a constatação da falta de sentido da existência. "Numa esquina qualquer", escreve Camus, "o sentimento do absurdo pode bater no rosto de um homem qualquer" (CAMUS, 2008, p. 25). Isso significa que o absurdo emerge na vida de alguém através da consciência que constata a falta de sentido da existência, separando o homem de si mesmo e do mundo.

O homem busca um sentido para si, para a existência e para o mundo. Mas por quê? Se estivesse se sentindo bem, sequer faria a pergunta pelo sentido. Logo, o homem quer se sentir bem – bem consigo mesmo e com o mundo. No limite, o que ele deseja é alguma felicidade. Por isso, para Camus a questão relevante é saber se a vida tem ou não sentido para que se possa saber se vale ou não a pena vivê-la. A pergunta pelo sentido da existência é, assim, a questão mais importante na vida de alguém. Mas essa questão só emerge, segundo Camus, quando a consciência constata o absurdo do mundo e portanto da própria existência – do contrário os homens permanecem "tranquilos" em seus afazeres cotidianos.

No "mais profundo do homem", diz Camus, habita um apelo de "desejo de felicidade e de razão", e o absurdo "nasce desse confronto entre o apelo humano e o silêncio irracional do mundo" (CAMUS, 2008, p. 29). Fazemos então um apelo ao mundo, queremos que ele seja racional e dotado de sentido; mas o mundo e a existência se calam, porque são em si mesmo irracionais e sem sentido. Disso, todavia, Camus tira uma "solução": é preciso viver *com* e *no* absurdo, e isso exige que abandonemos aquilo que a existência e o mundo não podem nos dar; exige, portanto, o abandono das ilusões e esperanças de que éramos presas antes do encontro com o absurdo. Nossa felicidade não passa pelo encontro do sentido e da inteligibilidade do mundo: ao contrário, ela habita o próprio absurdo.

Para entender melhor essa ideia, relembremos o mito de Sísifo, trabalhado por Camus para explicar a ligação insuspeitada entre absurdo e felicidade. Sísifo é um herói da mitologia grega que, por ter despertado a cólera de Zeus, foi condenado por este a permanecer eternamente no inferno, rolando uma grande rocha até o alto de uma montanha. Ao chegar ao topo da montanha, a rocha rola de novo para baixo, obrigando Sísifo a recomeçar eternamente sua tarefa. Mas Sísifo conhece o decreto de sua condenação, é consciente de seu destino, e simplesmente o aceita, cumprindo a cada vez sua eterna tarefa de rolar a rocha montanha acima. Seu mundo é trágico, pois, para Camus, a *consciência* do *absurdo* é que torna o mundo e a existência trágicos. Já não se dá o mesmo, diz Camus, com o proletário de nosso tempo: ele é obrigado a rolar sua "rocha" todos os dias até o alto da "montanha" (trabalhando), para retomá-la de novo, "ao pé da montanha," no dia seguinte pela manhã (ao sair para trabalhar). Para Camus, esse absurdo "só é trágico nos raros momentos em que se torna consciente" (CAMUS, 2008, p. 139). No entanto, "as verdades esmagadoras desaparecem" precisamente "ao serem reconhecidas", afirma Camus. E assim a consciência de Sísifo quanto a seu destino inexorável o liberta. Como assim?

Se, "em certos dias", escreve Camus, Sísifo desce "na dor" para retomar a rocha, a mesma descida "pode ser feita na alegria". A dor de Sísifo é tanto maior quanto maior o desejo de uma felicidade *impossível*, que impede de reconhecer o absurdo do destino. Isso vale para todo e qualquer humano. "Quando as imagens da Terra se aferram com muita força à lembrança", afirma Camus, "quando o chamado da felicidade torna-se premente demais, então a tristeza se ergue no coração do homem: é a vitória da rocha, é a própria rocha" (CAMUS, 2008, p. 139). Sísifo, na interpretação de Camus, nega os deuses e aceita seu destino como obra sua, como trabalho e criação humanos. Assim, Camus escreve:

> Toda a alegria de Sísifo consiste nisso. Seu destino lhe pertence. A rocha é sua causa. Da mesma forma, o homem absurdo manda todos os ídolos se calarem quando contempla seu tormento. No universo que repentinamente recuperou o silêncio, erguem-se as milhares de vozes maravilhadas da Terra. (CAMUS, 2008, p. 140)

Para Camus, portanto, há uma felicidade no absurdo, que é o ato mesmo de sua apreensão e aceitação. A tristeza, ao contrário, está em viver nas ilusões e nas esperanças, como um Sísifo que conservasse uma esperança de retorno à Terra por uma dádiva dos deuses.

> "A felicidade e o absurdo são dois filhos da mesma terra. São inseparáveis" (CAMUS, 2008, p. 140).

Mas não é que a felicidade nasça da constatação do absurdo: como dissemos, ela *habita* o absurdo, vive nele, como sua outra face, inseparável dele. O que Sísifo nos ensina? Uma "fidelidade superior que nega os deuses e ergue as rochas" – isto é, não solicita nenhum favor divino, aceita o destino e vive sua tarefa.

As frases finais de *O mito de Sísifo* resumem essa ligação insuspeitada entre felicidade e absurdo:

> Esse universo, doravante sem dono, não lhe parece estéril nem fútil. Cada grão dessa pedra, cada fragmento mineral dessa montanha cheia de noite forma por si só um mundo. A própria luta para chegar ao cume basta para encher o coração de um homem. É preciso imaginar Sísifo feliz. (CAMUS, 2008, p. 141)

Clément Rosset: do trágico à felicidade

Muitos filósofos do século XX foram influenciados por Nietzsche. Não é difícil identificar certos ecos nietzschianos nas palavras de Camus que acabamos de ver. A presença de Nietzsche é ainda mais nítida em um filósofo como Clément Rosset, que nasceu em 1939 na cidade de Barneville-Carteret, na França.

De Nietzsche Rosset herdou antes de tudo a ideia de *trágico*: o mundo e a existência são prazer e dor; alegria e tristeza; razão (Apolo) e paixão (Dionísio); criação e destruição; vida e morte. O trágico está em que *é assim*, e não podemos fazer nada. Inspirado em Nietzsche, Rosset considera que o trágico é aquilo mesmo "que nos permite viver... o instinto de vida por excelência", como ele afirma (ROSSET, 1960, p. 49). As ideias de Rosset são na verdade consequências da filosofia trágica de Nietzsche. Ele estabelece uma

Figura 18. Clément Rosset

Herdeiro de Nietzsche, Clément Rosset via na afirmação incondicional da vida e da existência a única forma de ser alegre e feliz. O real é trágico e absurdo, mas como em Camus, é preciso tomar consciência desse fato e afirmar a vida mesmo assim, pois o real e a existência são tais como são, e não como desejaríamos que fosse. Afirmar o real e a existência, não denegá-los jamais, eis tudo o que precisamos para gozar a felicidade, diria Rosset.

ligação entre o trágico e a alegria: esta é vivida quando afirmamos incondicionalmente o real e a vida, ideia que já estava em Nietzsche e que Rosset considera a grande "descoberta" do autor de *Assim falou Zaratustra*.

Essa afirmação incondicional, em Nietzsche, exprimia-se sobretudo na noção de *eterno retorno do mesmo*, como vimos anteriormente. Ao comentar a ideia de eterno retorno, Rosset escreve:

> O que mede a ideia do eterno retorno é a intensidade respectiva da alegria e da tristeza, pelo que ela autoriza em definitivo a "última e eterna confirmação", a "última e eterna sanção". E é nesse sentido – e, creio, nesse sentido apenas – que o pensamento do retorno constitui efetivamente em Nietzsche um pensamento decisivo. O bom acolhimento à ideia de retorno eterno é a marca mais indiscutível da alegria aos olhos de Nietzsche... (ROSSET, 1983, p. 88)

Disso Rosset deduzirá que é na dissonância que se deve buscar a alegria, e não na harmonia (ROSSET, 1983, p. 50). E, assim, ele continua a mesma tradição nietzschiana que passa por Camus, o qual também afirmara o absurdo e o trágico na existência, associando, como vimos, à consciência do absurdo certa experiência de felicidade.

A ligação entre uma felicidade possível e a consciência do absurdo (ou trágico) estabelecida por Camus é desenvolvida pela filosofia de Rosset, que prega com todas as letras o júbilo diante do trágico e da falta de sentido do real. É por isso que, nele, a alegria exprime um *saber trágico*. E essa alegria é propriamente uma felicidade, isto é, não uma alegria passageira que permanece dependente da harmonia entre os fatos ou acontecimentos e nosso desejo, mas uma alegria duradoura, que não exige nada além do próprio real tal como ele é (incluindo o desejo de transformação e nossos esforços nesse sentido). Somente uma alegria como expressão de um saber que afirma o real e sua dimensão trágica, segundo Rosset, pode ser duradoura, porque, sendo trágica a realidade, ela não depende das ilusões de harmonia e do desejo de que tudo vá bem. Por isso, a alegria será tanto maior quanto maior o saber trágico, afirma Rosset (1979, p. 97).

Esse saber trágico apreende o real em sua *singularidade* radical, como algo único, ímpar e que, para nós, só acontece uma vez. E assim fazendo, por si só ele constata a importância que pode ter *esta* vida, *esta* existência, *este* corpo e *esta* mente. Pois nesse caso a consciência da dimensão mais trágica da existência, que é o fato incontornável da morte e cujo momento exato de aparição nunca se anuncia previamente, essa consciência permite ver que só temos esta vida, esta existência, este corpo, esta mente, e nada mais. Não afirmar esta vida, não ver que a vida é isso e negar o real, é se negar a si mesmo; é, como se diz, estar morto em vida.

Tal afirmação, porém, não é tarefa fácil, justamente porque a realidade é trágica. Uma existência trágica e um mundo igualmente trágico tornam a condição humana frágil, e o resultado mais comum disso tudo é a angústia. A angústia pode levar a uma espécie de fuga do real. A angústia maior, segundo Rosset, é aquela que emerge da consciência que temos da morte, não só individual, mas de tudo o que, existindo, está condenado ao não ser, ao desaparecimento, à morte. É assim que, para resistir a essa angústia, muitas pessoas (na verdade, a maioria) criam várias maneiras de denegação do real. O suicídio, negação voluntária de si, é uma delas; a loucura, negação involuntária como meio de autopreservação, é outra. E, segundo Rosset, a metafísica é também uma forma filosófica ou teológica de negação do real e da existência.

Nesta última forma de negação está presente o que ele chama de "ilusão metafísica", que consiste em fazer deste mundo a expressão de outro, que confere sentido e realidade ao primeiro. Mas se em outro mundo se encontra o sentido e a realidade deste mundo, então esse outro mundo ocupa o lugar do mundo real, este mesmo que conhecemos, sentimos e habitamos; o lugar do real é ocupado por seu duplo (Rosset, 1998, p. 49). Tais metafísicas são propriamente aquelas que trabalham na chave da transcendência (Platão, todas as teologias cristãs, mas também Leibniz, Kant, Hegel e Heidegger). Todas elas, segundo Rosset, pretendem nos curar da angústia, mas em vão, pois para isso nos propõem a "alucinação metafísica" de outro mundo, de outro real e de um duplo de nós mesmos, o que só faz nos afastar do real e de nós mesmos. E ninguém pode ser feliz longe de si e do mundo...

Contra a angústia e as "alucinações" que em vão pretendem curá-la, Rosset propõe a alegria. Somente ela é capaz de nos manter na existência. A própria filosofia será capaz de nos proporcionar tal alegria, se ela for capaz de derrubar os véus, de suprimir as ilusões, de curar a angústia sem recorrer a princípios transcendentes de explicação do real; se, enfim, ela fizer ver o real, aceitá-lo e amá-lo, incondicionalmente, tal como ele é. A filosofia que propõe Rosset é um pensamento fundado no que ele chama de "princípio de realidade suficiente", pelo qual as explicações são buscadas no próprio real, não fora dele. Rosset defende, portanto, uma filosofia da imanência, que, segundo ele, pode ser encontrada em alguns poucos filósofos, como Lucrécio, Nietzsche e Espinosa (Rosset, 2002, p. 14). Na verdade, para Rosset, a "faculdade de pensar o real" é uma "faculdade que não pode ser senão jubilante". Mas a alegria que propõe Rosset não é outra ilusão, que viria substituir as alucinações existentes por outra:

> A alegria não é de modo algum um remédio ou uma escapatória, uma vez que considero, inversamente, que o que dá valor à alegria é sua aptidão para não eludir o obstáculo mas, ao contrário, integrar o conhecimento do pior ao seu exercício jubilante da vida. É justamente o fato de não ser uma escapatória que constitui a alegria. (Rosset *apud* Charles, 2006, p. 202)

A alegria se une diretamente à atividade de conhecimento. O que a filosofia de Rosset constata é que o real é assim tal como é, e que o pensamento que o apreende dessa maneira nos libera do desejo que leva à ilusão de um mundo diferente deste, que leva a desejar outra vida, outra existência, outra realidade. Trata-se, como em Espinosa, de uma filosofia da alegria. Se em Espinosa a alegria é uma forma ontológica de resistência a todo tipo de tristeza, em Rosset ela não deixa de ser uma afirmação da vida e da existência frente às várias faces do trágico.

> Trata-se aqui de uma alegria nascida da apreensão intelectual do trágico. Mas, por isso mesmo, por nascer do conhecimento do mundo real tal como ele é, essa alegria é uma felicidade, porque se constitui em uma plena afirmação da vida, do mundo e da existência.

André Comte-Sponville: do desespero à felicidade

Se Clément Rosset foi fortemente influenciado pelo pensamento de Nietzsche, o francês André Comte-Sponville (1952) foi bastante influenciado pela filosofia de Espinosa. Aliás, a presença de Espinosa no panorama filosófico atual se tornou muito acentuada a partir da segunda metade do século XX, quando vários filósofos comentadores, sobretudo os franceses, retomarão seu pensamento. Um desses filósofos foi Gilles Deleuze (1925-1995), que escreveu vários textos importantes sobre Espinosa.

Dentre os vários conceitos elaborados pela teoria dos afetos de Espinosa, as noções de esperança e medo marcaram sobremaneira as reflexões de Comte-Sponville, cuja ideia de felicidade aparece principalmente em uma obra intitulada *Tratado do desespero e da beatitude* (beatitude, nós vimos, era o termo que Espinosa, seguindo os helenistas de língua latina, utilizava para designar a felicidade).

Esperança e medo, como afirma a filósofa Marilena Chaui, em Espinosa, são afetos correlatos e inseparáveis (CHAUI, 2011). Quem tem, por exemplo, a esperança de alcançar a fama e a honra tem ao mesmo tempo o medo de não consegui-las; quem espera preservar e aumentar a todo custo suas riquezas teme ao mesmo tempo ficar pobre. Da mesma forma, quem teme a perda da pessoa amada espera que ela não o deixe. Onde há esperança há medo; onde há medo há esperança. Ora, beatitude é felicidade, e a marca afetiva da felicidade é a serenidade, a tranquilidade. Não há serenidade onde há medo. Logo, para Comte-Sponville, o que é preciso abandonar, aquilo de que é preciso se desvencilhar de uma vez por todas é a esperança. Assim, não ter mais nenhuma esperança, não esperar mais nada é o sentido mais simples e primeiro do que Comte-Sponville chama de *desespero*.

Mas não precisamos ficar desesperados. Não é essa a proposta de Comte-Sponville. A palavra *desespero* é usada em um sentido etimológico: des-espero, algo como "não esperar". Assim como o *absurdo* de Camus e o *trágico* de Clément Rosset, o *desespero* de Comte-Sponville está ligado à alegria, e ele é quase uma felicidade. Mas não foi por acaso a escolha desse termo. A experiência do desespero, segundo o filósofo, envolve uma *angústia* que, em seu extremo, anula-se e se reverte, contudo, em serenidade. Comte-Sponville escreve, em uma bela passagem do *Tratado do desespero e da beatitude*:

> Começar pela angústia, começar pelo desespero: ir de uma ao outro. Descer. No fim de tudo, o silêncio. A tranquilidade do silêncio. A noite que cai aplaca os temores do crepúsculo. Não mais fantasmas: o vazio. Não mais angústia: o silêncio. Não mais perturbação: o repouso. Nada a temer, nada a esperar. Desespero. (COMTE-SPONVILLE, 2006, p. 15)

A ideia do filósofo é que, levados a seus limites, a angústia, o vazio e o silêncio tornam possível a beatitude, a felicidade (COMTE-SPONVILLE, 2006, p. 16). Para ele, no cume do desespero está a beatitude. Mas onde se situa esse cume? Comte-Sponville recorre à ataraxia de Epicuro e ao *nirvana* de Buda para nos explicar a passagem do desespero à beatitude:

> [...] o desespero, o que chamo de desespero, não seria então nada mais talvez – para quem soubesse atravessá-lo de lado a lado – do que aquilo que Epicuro chamava de *ataraxia* (ausência de perturbações) e Buda de *nirvana* (extinção). Nada mais do que isso, e no entanto o contrário... Como se virássemos para cima o que está virado para baixo... A sabedoria é a *inversão* do desespero, e seu apogeu. E o mais alto céu de Ícaro: o próprio labirinto de onde ele alça voo. (COMTE-SPONVILLE, 2006, p. 33)

Essa inversão do desespero é o que Comte-Sponville chama de beatitude. Seja na ataraxia, seja no nirvana, o sábio não espera mais nada, não deseja mais nada. Mas isso, que poderia ser um estado de profunda indiferença (e que no campo ético se traduziria em *niilismo*), proporciona-nos um estado de felicidade (assim como o estado de não perturbação epicuriano ou o estado de iluminação budista).

No entanto, o desespero tem como condição a compreensão da Natureza e das coisas tais como são, e não como desejaríamos que fossem. Aqui também Comte-Sponville é espinosano: a Natureza (Deus) é algo que age apenas por uma determinação interna de sua própria essência; ela não age coagida por outro ou por fins externos a ela, mas também não age por vontade ou bondade: ao produzir tudo o que é, tudo o que existe, tudo o que nasce, perece e morre, a Natureza age, simplesmente. Ela é uma pura ação espontânea, produtora de infinitas coisas, de infinitas maneiras. Esse fato – a essência da Natureza – faz com que todas as coisas sejam o que são, cada uma delas perfeitas em sua singularidade. E como a Natureza é infinita, ela está em toda parte, assim como a verdade do que ela é e das coisas engendradas a partir dela. Poderíamos achar essa ideia difícil, mas Comte-Sponville a explica com admirável simplicidade, utilizando aliás a imagem de um buquê de flores: "E a verdade está em toda parte, não apenas no pensamento abstrato, mas aqui, ali, diante de mim, no mundo, na simplicidade das coisas. Há um buquê de flores em cima da mesa: verdade absoluta. Aqui. Agora. Verdade desesperada" (COMTE-SPONVILLE, 2006, p. 23).

O sábio é aquele que habita essa "verdade desesperada". *E por isso é feliz*. Nessa felicidade, o sábio vive sem temor. Não pensa, por exemplo, na morte; sua meditação, como dizia Espinosa, é uma meditação sobre a vida. A ideia de Comte-Sponville é espinosanamente lógica: se o sábio não teme, é porque não espera, não tem esperança; é um *desesperado* (COMTE-SPONVILLE, 2006, p. 34).

A senda dessa beatitude, o caminho pelo qual ela é trilhada, ao mesmo tempo que é conquistada e vivida, não é outra coisa senão o pensamento, a filosofia. O pensamento são as asas do Ícaro de Comte-Sponville, que, em seu *Tratado*, escreve: "Filosofar é a minha viagem; a sabedoria, o céu a que tendo" (COMTE-SPONVILLE, 2006, p. 36). Desespero e filosofia não se excluem. Pelo contrário, são caminhos que se encontram; e para Comte-Sponville, "o feliz ponto desse encontro" é a sabedoria, uma sabedoria que não é outra coisa que felicidade feita de filosofia; ela é como o *amor intelectual de Deus*, de que falava Espinosa no século XVII. "Confesso ingenuamente", escreve Comte-Sponville, "amo a filosofia pela felicidade – mesmo se fugaz – que ela me proporciona" (COMTE-SPONVILLE, 2006, p. 36).

O "fugaz", aqui, podemos pôr, talvez, na conta da modéstia do autor. Pois como poderia ser fugaz uma felicidade que é feita de sabedoria e filosofia, se ambas apreendem verdades que não podem ser destruídas no espaço e no tempo? Se a sabedoria é o gozo das verdades que apreendemos pela filosofia (ou mesmo pelas ciências), e se a felicidade não é outra coisa senão esse gozo intelectual que envolve todo o nosso corpo e a nossa mente, então, para que uma tal felicidade fosse assim "fugaz", seria preciso que o verdadeiro se tornasse falso; seria preciso que o buquê de flores sobre a mesa fosse, aqui e agora, outra coisa, e não ele mesmo. Mas é isso impossível.

Não será então ilegítimo interpretar desta forma o pensamento de Comte-Sponville: se a filosofia é capaz de apreender verdades, e se há uma alegria no exercício filosófico de conhecimento de si, das coisas e da Natureza, então essa alegria se oferece como felicidade, como alegria duradoura, contínua e suprema, porque as verdades não são como coisas perecíveis, que ora são, ora não são, em um momento estão aqui, em outro momento já não estão mais. As ideias verdadeiras carregam nelas algo de eterno. Para dar um exemplo simples: quando alguém compreende que uma semirreta em movimento, tendo uma de suas extremidades fixa, produz, *necessariamente*, a figura de um círculo, tal ideia nunca mais é esquecida, pois, por ser verdadeira, envolve um sentimento de certeza que nos impede de considerá-la falsa em um momento, verdadeira em outro; falsa aqui, verdadeira ali. Uma ideia verdadeira é válida em qualquer tempo e espaço. Se há uma alegria em conceber ideias como essa, tal alegria deve ter também algo de eterno. E a felicidade não é outra coisa senão a eternidade de uma alegria.

Sugestão de documentário:

EU maior: um filme sobre autoconhecimento e felicidade. Direção: Gui Ramalho de Hugo Gurgel. Brasil, 2013. 90 min., son., color. Disponível em: <http://www.youtube.com/watch?v=V0gquwUQ-b0>.

Nesse documentário brasileiro lançado em 2013, são entrevistadas várias personalidades, que falam sobre felicidade. O telespectador vê desfilar sobre a tela as opiniões de filósofos, religiosos, artistas, lideranças políticas e sociais, etc. As opiniões dos entrevistados ora estão mais próximas de uma perspectiva filosófica, ora se aproximam da religião ou da literatura de autoajuda. Mas por isso mesmo o filme é didaticamente interessante para uma comparação, seja entre as visões religiosas e o pensamento dos filósofos estudados, seja entre estes e as visões do senso comum sobre a felicidade, que também aparecem no filme. Dá um bom debate…

CONCLUSÃO
FILOSOFIA E FELICIDADE

Estivemos na companhia de muitos filósofos – da Antiguidade aos dias de hoje – que de algum modo, e cada um à sua maneira, pensaram sobre a felicidade. O que todos eles têm em comum com cada um de nós é o fato de buscarmos sempre alguma forma de felicidade. Nesse sentido, cada um de nós é filósofo a sua própria maneira.

Vimos diferentes concepções de felicidade. Podemos concordar com uma ou algumas delas; podemos discordar de outras ou até mesmo de todas elas. Mas será que poderíamos concordar com todas elas ao mesmo tempo? Difícil, pois muitas delas conservam diferenças e oposições essenciais que as tornam contraditórias entre si.

Todavia, há um elemento comum que parece estar presente em quase todas as concepções de felicidade que analisamos: a ideia de que a filosofia está ligada à sabedoria, e a sabedoria, à felicidade.

Há dois momentos, na história da filosofia, em que o tema da felicidade pareceu estar dissociado da filosofia e da sabedoria. Um deles nos remete à Idade Média, quando os pensadores cristãos não só subordinaram a filosofia à teologia como também, coerentes com o cristianismo, relegaram a felicidade ao outro mundo, após a morte. Mas será que, mesmo aí, a filosofia, subjugada pela Revelação, não constituía, de algum modo, a felicidade em ato do pensador cristão? Pensemos na quantidade de trabalhos escritos por um Agostinho ou um Tomás de Aquino: são tantos, e escritos muitas vezes com tal arte e elegância, que é quase impossível pensar que eles não sentissem – no momento mesmo em que trabalhavam – certo prazer intelectual...

O outro momento em que a filosofia pareceu estar separada da felicidade foi durante certo período da Modernidade, a partir do século XVIII, quando a ciência, e não a filosofia, parecia poder cumprir todas as promessas de felicidade que as sociedades almejavam. Aí, não interessava tanto o que a ciência poderia proporcionar de sabedoria e felicidade ao próprio cientista, mas sim os resultados práticos e tecnológicos capazes de transformar a vida social de toda a humanidade em seu conjunto. Mas vimos que o sonho iluminista e positivista logo teve fim, primeiro abalado pelas crises sociais do XIX, depois frente aos trágicos acontecimentos do século XX. No entanto, mesmo nesse período os homens não deixaram de *pensar*, como que procurando por outras e novas vias, a felicidade que a humanidade buscou desde sempre.

Nunca, talvez, fomos tão carentes de felicidade. Guardamos ainda a memória das duas grandes guerras do século XX, e as que se seguiram ainda nos ameaçam, como nos ameaça a possibilidade de catástrofes ecológicas que parecem estar cada vez mais próximas e que estão intimamente ligadas a nosso modo de vida capitalista. Mas não são apenas esses fatos que nos afastam da felicidade. São também os eventos e acontecimentos mais cotidianos de uma vida que parece não ter sentido, baseada que está no consumo de bens cada vez mais efêmeros e perecíveis. Vivemos uma vida cujas promessas de felicidade são tanto mais frágeis quanto não conseguem ser cumpridas, mesmo para aqueles que estão incluídos no sistema de produção e consumo. E talvez estejam ainda mais infelizes os excluídos de hoje e de amanhã.

Quando não só as ciências, mas também as religiões, as artes e os vários esportes não conseguem mais escapar do círculo infernal do modo de produção capitalista, tornando-se mercadorias; quando a vida parece não ter muito sentido ou quando muitas vezes parece haver mais tristeza que alegria, então é o momento de exercermos nossa capacidade de refletir com autonomia, a fim de transformarmos a vida de cada um e de todos nós. No mundo atual, pode-se imaginar tarefa mais cidadã que esta? Quando o mundo e a vida não vão bem, o exercício da cidadania pede que o transformemos. A reflexão sobre a felicidade, nesse sentido, é privilegiada, na medida mesma em que sua procura se coloca como a busca por *outro modo de vida*, diferente deste em que vivemos e que não parece capaz de proporcionar a felicidade que desejamos.

Mas talvez possamos aprender justamente com aquilo que não vai bem em nossas vidas, seja no plano individual, seja no plano coletivo. A mesma vida que se mostra incapaz de cumprir suas promessas de felicidade talvez nos ensine que, seja ela o que for, se uma felicidade é possível, ela deve estar em outro lugar.

Os humanos nunca perderam sua vocação filosófica para pensar temas tão importantes quanto a felicidade. Pensar é colocar a questão; e pôr a questão é já uma busca. Se há algo que a filosofia nos ensina é que, quando pensamos sobre a felicidade, o próprio esforço de pensamento já constitui certa alegria. Enquanto buscamos a felicidade, refletindo sobre ela, já somos, de certa forma, felizes. Nesse sentido, cada um dos filósofos que estivemos estudando encontraram, de algum modo, sua própria felicidade. E quando refletimos sobre o que eles pensaram, não só vislumbramos caminhos e possibilidades de felicidade, como exercemos, também, nossa própria felicidade.

Há uma alegria em *compreender*, há uma felicidade no próprio uso de nosso intelecto, como esforço de compreensão das coisas, da natureza e de nós mesmos. No entanto, nem toda ideia é uma ideia verdadeira, e a felicidade não se faz de ilusões. Por isso, como dizia Espinosa, ela é tão difícil quanto rara.

O que a maior parte dos filósofos aqui analisados nos ensina é que a filosofia pode nos levar à felicidade. Mais que isso, eles ensinam que a filosofia – se a praticamos como filósofos e filósofas – é inseparável da felicidade, porque a felicidade é inseparável do ato mesmo de filosofar.

GLOSSÁRIO

Apatheia: Estado afetivo que caracteriza ausência de sentimento ou paixão; é um estado de impassibilidade diante das coisas e dos eventos externos. Em grego, paixão se diz *páthos*; *a-patheia* remete a um estado afetivo de não paixão, já que o prefixo *a*, em grego, exprime uma negação. Vem daí nosso termo "apatia" para designar um estado de indiferença e insensibilidade. Para os filósofos helenistas, a paixão (*páthos*) era considerada doença da alma (vem daí nosso vocábulo "patológico"); por isso a sabedoria e tranquilidade exigiam buscar um estado de imperturbabilidade diante das coisas e dos acontecimentos externos.

Aporético: Adjetivo grego relativo a *aporia* (ver); aquilo ou aquele que é dado ou disposto a aporias, à dúvida ou ao ceticismo.

Aporia: Significa a impossibilidade de chegar a uma solução, a um resultado. Essa palavra é formada pelo prefixo grego *a*, que designa uma negação, e pelo substantivo *póros*, derivado de *poreúo*, palavra grega que significa "dar passagem a", conduzir ou transportar (algo, de um lugar para outro), "fazer atravessar", "abrir caminho" (por isso dizemos, em português, "os poros da pele", isto é, os orifícios da pele que permitem, ao liberar a saída do suor, regular a temperatura do corpo). Assim, por extensão, a aporia designa a impossibilidade de conclusão, de solução, de resultado, de inferência.

Ataraxia: Composta pelo prefixo negativo *a* e pelo substantivo *taraxia*, que significa "perturbação", "agitação", "inquietude", a ataraxia designa um estado afetivo calmo e tranquilo. Assim como a *apatheia*, é o estado de ânimo buscado pelo sábio, sobretudo durante o helenismo.

Autárkeia: Em gregos, *autós* ("auto", em português) é um elemento formativo de palavras que significa "de si mesmo", "por si mesmo", "eu mesmo", "você mesmo", etc., sempre com o sentido de se referir à própria pessoa, coisa ou evento designado. A palavra autárkeia é formada por esse elemento mais *arkéo*, que significa aquilo que *basta* ou que é *suficiente*.

Beatitudo: Termo latino que significa felicidade. Os pensadores de língua latina do período helenista utilizam a palavra *beatus* como sinônimo daquele que possuindo tudo, não deseja mais nada, está plenamente satisfeito. Cícero e Sêneca, contudo, utilizarão o termo *beatitudo* não como sinônimo do homem repleto de bens (rico), mas daquele que está contente e tranquilo consigo mesmo, e que por isso não deseja mais nada. É esse mesmo sentido que ganha a palavra *felix* (feliz), do qual deriva *felicitas* (felicidade), termo preferido dos escritores medievais.

Cosmogonia: Todo mito, doutrina ou teoria que descreve a origem ou criação do mundo. *Cosmogonia* vem do grego e é formada por *kosmos* (mundo ou universo) e *gonia* (geração, nascimento, engendramento). Os antigos gregos inventaram a palavra Cosmos (ver abaixo), mas a palavra *cosmogonia* só será criada e usada pelos modernos, a partir de fins do século XVII.

Cosmologia: É o estudo (*logia*) do cosmos. Trata-se de uma palavra popularizada sobretudo pelos filósofos alemães do século XVIII, que a utilizavam com o sentido de "filosofia da natureza".

Cosmos: Nome dado pelos gregos antigos ao mundo ou universo pensado como um todo ordenado.

Dogmatismo: Palavra originada de *dogma*, que em grego significa um "princípio" ou "opinião" (*dóxa*) que alguém considera como verdadeiro. Durante o helenismo, o termo "dogmatismo" ou "dogmático" será largamente utilizado para contrapor os filósofos e as filosofias que definiam uma opinião sobre vários assuntos aos filósofos *céticos*, que evitavam emitir qualquer opinião sobre o que quer que fosse, já que para eles a filosofia era considerada incapaz de afirmar a verdade ou a falsidade de qualquer coisa ou ideia.

Epistemologia: Originada do termo grego *epistéme*, que significa "conhecimento" ou, em latim, "ciência" (*scientia*), epistemologia é o estudo da natureza ou da essência do conhecimento, assim como das condições de possibilidade, dos limites e do alcance de todo conhecimento e de toda ciência. Trata-se portanto de uma área do saber que tem por objeto o próprio conhecimento, buscando compreender *o que ele é* (sua natureza), *o que ele pode conhecer* (seus limites e seus objetos inteligíveis) *e como ele pode conhecer* (seus métodos de abordagem dos objetos).

Epoché: É a suspensão do juízo ou o ato de suspender o juízo. Trata-se de um procedimento muito comum aos pensadores céticos, que defendem que o filósofo não deve emitir opinião sobre qualquer assunto. Contudo, alguns filósofos (como Edmund Husserl ou mesmo Descartes, nas *Meditações metafísicas*) utilizaram a *epoché* apenas como recurso metodológico prévio à aquisição de verdades.

Eudaimonía: Felicidade ou alegria estável. Composta pelos termos gregos *eu*, "bem", e *daímon*, "espírito", essa palavra exprime um estado em que o espírito, a alma ou a mente gozam de um contentamento estável e duradouro.

Euthymia: Bem-estar. Sentir-se bem e alegre, porque bem disposto fisicamente.

Hedonista: Todo aquele que busca o prazer, que em grego se diz *hedoné*. É todo aquele que tem o prazer como fim último de sua ação.

Hélade: Antes de Aristóteles, os gregos chamavam a Grécia de Hélade, pois se consideravam descendentes de um lendário rei chamado Helen ou Helene. Contudo, Aristóteles afirmava que, em sua pré-história, a denominação dos helenos era *graikós*, que em latim se diz *graecus*, ou seja, "grego". Por isso, desde Aristóteles, passou-se a usar mais o termo "grego".

Helenismo: Período histórico cujo início é comumente datado a partir das conquistas do império de Alexandre, o Grande, e que teve como consequência a transmissão da cultura grega antiga aos povos conquistados. O termo helenismo se deve ao fato de que os gregos se consideravam helenos, isto é, descendentes do rei Helen ou Helene, do qual derivou o vocábulo "Hélade" (ver).

Hýbris: Na mitologia grega, é a divindade que personifica a insolência, o orgulho, a soberba, a presunção e a arrogância. Por extensão, é um termo que remete ao excesso, à desmedida, ao que ultrapassa os limites. Designa também o que é impetuoso, descontrolado, violento.

Ícaro: Na mitologia grega, Ícaro era filho de Dédalo, que, para escapar do labirinto no qual ambos foram presos pelo rei Minos, inventou asas de cera. Desobedecendo à ordem do pai, Ícaro porém voou muito alto, aproximando-se do sol, o que fez com que suas asas derretessem e ele caísse no mar.

Imanência: Refere-se ao estado ou qualidade de imanente (ver).

Imanente: Tudo o que é concretamente inerente ao mundo, ao real e à natureza; é o que está no mundo ou no universo, pertencendo-lhe essencialmente, sem poder se separar dele. De um modo geral, *imanente* se refere a tudo o que está "dentro" do mundo, da natureza ou do universo, e nesse sentido se opõe à transcendente (ver).

Lógos: Razão, pensamento, sentido, linguagem. Desde a Antiguidade grega, a palavra *Lógos* comporta vários significados, todos eles referidos à ideia de inteligibilidade ou lógica de um ser ou evento. O *Lógos* é, portanto, aquilo através do que se pode conhecer algo porque dá sua razão, seu sentido lógico ou sua causa.

Metafísica: Campo da filosofia que estuda as causas e os princípios dos seres, coisas e eventos, visando à compreensão dos fundamentos últimos da realidade e da existência.

Nirvana: Conceito nascido no seio das religiões hindus, incluindo o budismo, e que significa extinção dos desejos e paixões. No budismo, o nirvana é o ponto máximo alcançado pelo sábio, que, absolutamente desapegado das coisas, de si e do mundo, consegue romper os ciclos de nascimento e morte, os quais necessariamente envolvem dor e sofrimento.

Niilismo: Etimologicamente, niilismo tem um sentido de aniquilamento, de reduzir as coisas e os valores ao "nada" (*nihilum*, em latim). Na filosofia, é geralmente o termo usado para designar doutrinas de pensadores que negam qualquer fundamento real para os valores, crenças e instituições sociais vigentes.

Noûs: Na Antiguidade grega, o *noûs* era a atividade pensante ou faculdade de pensar. Era também, por extensão, o espírito, a reflexão, o pensamento, o intelecto, no que concerne tanto ao homem quanto aos deuses ou ao divino.

Phrónesis: Prudência, sensatez, bom senso. Em Aristóteles, a *phrónesis* é uma "razão prática", isto é, a razão ou a faculdade de pensar voltada para a vida cotidiana e política; nesse sentido, a *phrónesis* é uma sabedoria moral.

Teogonia: Composta por *théos* (ver) – o divino ou deus – e por *gonía* – o ato de engendrar –, teogonia é a narração dos nascimentos dos deuses e de sua genealogia.

Théos: *Dyēus* – termo do tronco linguístico indo-europeu – era a principal divindade no panteão de algumas culturas indo-europeias. Vem dessa palavra tanto o cognato *Zeus*, deus maior no panteão grego, quanto o vocábulo *théos*, que pode ser traduzido como "o divino" ou "deus". No latim, *Deus* e *divus* derivam de *deiwos* ("divino"), também do indo-europeu.

Transcendência: Refere-se ao estado ou qualidade de transcendente (ver).

Transcendente: Tudo o que está fora da natureza, do real, do universo. É o que está acima da realidade imediata, ou acima das relações físicas da natureza. Nesse último caso, *transcendente* é um dos sentidos de *metafísico*, já que, segundo a tradição medieval, a metafísica (ver) é o conhecimento daquilo que está "além do físico" ou "além deste mundo"; nesse sentido, opõe-se a imanente (ver).

REFERÊNCIAS

ABBAGNANO, Nicola. *Dicionário de Filosofia*. São Paulo: Martins Fontes, 2000.

ARISTÓTELES. *Ética a Nicômaco*. Tradução, introdução e notas de Mário da Gama Kury. Brasília: Editora UnB, 2001.

ARISTÓTELES. *Metafísica*. Vol. II. Trad. Marcelo Perine. São Paulo: Loyola, 2002.

BACON, Francis. *Nova Atlântida*. In: BACON. São Paulo: Abril Cultural, 1973a. p. 239-278. (Os Pensadores, v. 13).

BACON, Francis. *Novum Organum*. In: BACON. São Paulo: Abril Cultural, 1973b. p. 19-237. (Os Pensadores, v. 13).

BACON, Francis. *O progresso do conhecimento*. Tradução de Raul Fiker. São Paulo: Editora Unesp, 2007.

BALIBAR, É. *A filosofia de Marx*. Rio de Janeiro: Jorge Zahar Editor, 1995.

BENSAÏD, D. *Marx, o intempestivo*. Rio de Janeiro: Civilização Brasileira, 1999.

CAMUS, Albert. *O mito de Sísifo*. Rio de Janeiro: Record, 2008.

CHARLES, Sebastien. *Comte-Sponville, Conche, Ferry, Lipovetsky, Onfray, Rosset: é possível viver o que eles pensam?* São Paulo: Barcarola, 2006.

CHAUI, Marilena. *As escolas helenísticas*. São Paulo: Companhia das Letras, 2010. (Introdução à história da filosofia. v. 2).

CHAUI, Marilena. *Desejo, paixão e ação na ética de Espinosa*. São Paulo: Companhia das Letras, 2011.

COMTE, Auguste. Catecismo positivista. In: COMTE e Durkheim. São Paulo: Abril Cultural, 1973a. p. 101-302. (Os Pensadores, v. 33).

COMTE, Auguste. *Curso de filosofia positiva*. In: COMTE e Durkheim. São Paulo: Abril Cultural, 1973b. p. 7-45. (Os Pensadores, v. 33).

COMTE, Auguste. *Discurso sobre o espírito positivo*. In: COMTE e Durkheim. São Paulo: Abril Cultural, 1973c. p. 47-100. (Os Pensadores, v. 33).

COMTE-SPONVILLE, André. *Tratado do desespero e da beatitude*. São Paulo: Martins Fontes, 2006.

DEMÓCRITO. Fragmentos. In: PRÉ-SOCRÁTICOS. São Paulo: Abril Cultural, 1996. (Os Pensadores).

DESCARTES, René. *As paixões da alma*. Tradução de Pascale D'Arcy. São Paulo: Martins Fontes, 2005.

DESCARTES, René. *Discurso do método*. In: GUINSBURG, J.; ROMANO, Roberto; CUNHA, Newton (Org). *Descartes: obras escolhidas*. São Paulo: Perspectiva, 2010a. p. 59-121.

DESCARTES, René. *Meditações metafísicas*. Tradução de Maria E. A. Prado Galvão. Introdução e notas de Homero Santiago. São Paulo: Martins Fontes, 2011.

DESCARTES, René. *Princípios da filosofia*. Rio de Janeiro: Editora UFRJ, 2002.

DESCARTES, René. *Regras para a direção do espírito*. In: GUINSBURG, J.; ROMANO, Roberto; CUNHA, Newton (Org). *Descartes: obras escolhidas*. São Paulo: Perspectiva, 2010b. p. 403-487.

DIDEROT, Denis. *Encyclopédie II*. In: Œuvres completes - tome VI. Paris: Hermann, 1976.

DUBY, Georges. *Idade Média, idade dos homens: do amor e outros ensaios*. São Paulo: Companhia das Letras, 1989.

EPICURO. Antologia de textos. In: EPICURO, Lucrécio, Cícero, Sêneca, Marco Aurélio. São Paulo: Abril Cultural, 1973. (Os Pensadores, v. 5).

EPICURO. *Carta sobre a felicidade (a Meneceu)*. São Paulo: Editora Unesp, 2002.

ESPINOSA, Baruch de. *Tratado da reforma da inteligência*. Tradução e notas de Lívio Teixeira. São Paulo: Martins Fontes, 2004.

GIDDENS, Anthony. *Em defesa da sociologia: ensaios, interpretações e tréplicas*. São Paulo: Unesp, 2001.

GILSON, Étienne. *A filosofia na Idade Média*. São Paulo: Martins Fontes, 2001.

HERÁCLITO. *Heráclito: fragmentos contextualizados*. Tradução, apresentação e comentários de Alexandre Costa. São Paulo: Odysseus, 2012.

HOBSBAWM, Eric. *A era dos extremos: o breve século XX, 1914-1991*. São Paulo: Companhia das Letras, 1995.

HORKHEIMER, Max; ADORNO, Theodor. *Dialética do esclarecimento: fragmentos filosóficos*. Rio de Janeiro: Jorge Zahar, 1985.

LA METTRIE, Julien Offray de. *Anti-Séneca, o discurso sobre la felicidad*. In: *Obra filosófica*. Madrid: Editora Nacional, 1983a.

LA METTRIE, Julien Offray de. *Sistema de Epicuro*. In: *Obra filosófica*. Madrid: Editora Nacional, 1983b.

LAERCIO, Diógenes. *Vida y opiniones de los filósofos ilustres*. Madrid: Alianza Editorial: 2011. (Ed. bras.: LAERTIOS, Diógenes. *Vidas e doutrinas dos filósofos ilustres*. Brasília: Editora UnB, 1988.)

LEIBNIZ, Gottfried Wilhelm. *Discurso de metafísica*. São Paulo: Martins Fontes, 2004.

LIPOVETSKY, Gilles. *A felicidade paradoxal: ensaio sobre a sociedade do hiperconsumo*. São Paulo: Companhia das Letras, 2007.

LORAUX, Nicole. *Invenção de Atenas*. Rio de Janeiro: Editora 34, 1994.

MARCONDES, Danilo. *Iniciação à história da filosofia: dos pré-socráticos a Wittgenstein*. Rio de Janeiro: Zahar, 2007.

MARX, Karl; ENGELS, Friedrich. *A ideologia alemã*. São Paulo: Martins Fontes, 2007.

NIETZSCHE, Friedrich. *A gaia ciência*. São Paulo: Companhia das Letras, 2001.

NIETZSCHE, Friedrich. *Ecce homo: como alguém se torna o que é*. São Paulo: Companhia das Letras, 1995.

NIETZSCHE, Friedrich. *Humano, demasiado humano*. São Paulo: Companhia das Letras, 2000.

PLATÃO. *Fédon*. In: PLATÃO. Trad. Jorge Paleikat e J. Cruz Costa. 1ª ed. São Paulo: Abril Cultural, 1972, p. 61-132. (Os Pensadores).

PLATÃO. *A República*. São Paulo: Nova Cultural, 1997.

PLATÃO. *Protágoras, Górgias e Fedão*. Tradução de Carlos Alberto Nunes. Belém: EDUFPA, 2002.

PLATON. *Charmide*. In: *Œuvres Completes II*. Traduction, introduction et notes par Alfred Croiset. Paris: Les Belles Lettres, 1949. (Ed. bras.:

PLATÃO. *Diálogos VI: Crátilo, Cármides, Láques, Íon, Menexeno*. Bauru: EDIPRO, 2010.)

REALE, Giovanni; ANTISERI, Dario. *História da filosofia*. São Paulo: Paulus, 1990. v. 2.

REALE, Giovanni; ANTISERI, Dario. *História da filosofia*. São Paulo: Paulus, 2005. v. 3.

ROSSET, Clément. *La philosophie tragique*. Paris: PUF, 1960.

ROSSET, Clément. *La force majore*. Paris: Éditions de Minuit, 1983.

ROSSET, Clément. *L'objet singulier*. Paris: Éditions de Minuit, 1979.

ROSSET, Clément. *O princípio da crueldade*. Rio de Janeiro: Rocco, 2002.

ROSSET, Clément. *O real e seu duplo*. Porto Alegre: L&PM, 1998.

SPINOZA, Baruch. Carta XXI. In: *Epistolario*. Buenos Aires: Colihue, 2007a.

SPINOZA. *Ética*. Tradução de Tomaz Tadeu. Belo Horizonte: Autêntica, 2007b.

TEIXEIRA, Lívio. *Ensaio sobre a moral de Descartes*. São Paulo: Brasiliense, 1990.

TOMÁS DE AQUINO. *Suma de Teología*. Madrid: Biblioteca de Autores Cristianos, 2009. v. 1.

TOMÁS DE AQUINO. Súmula contra os gentios. In: TOMÁS de Aquino. São Paulo: Nova Abril Cultural, 1996. (Os Pensadores).

WEBER, Max. *A ética protestante e o espírito do capitalismo*. Trad. José M. Mariani de Macedo. São Paulo: Companhia das Letras, 2011.

LISTA DE FIGURAS

Figura 1. WATTERSON, Bill. *Yukon Ho: as aventuras de Calvin e Haroldo.* São Paulo: Conrad, 2010. p. 26.

Figura 2. *Discurso fúnebre de Péricles.* Pintura de Philipp von Foltz. Disponível em: <http://commons.wikimedia.org/wiki/File:Discurso_funebre_pericles.PNG>. Acesso em: 21 abr. 2014.

Figura 3. *A escola de Atenas* (detalhe), de Rafael Sanzio, 1510. Museu do Vaticano. Disponível em: <http://pt.wikipedia.org/wiki/Her%C3%A1clito>. Acesso em: 22 abr. 2014.

Figura 4. *Rembrandt Rindo* (autorretrato), Rembrandt, 1629. Disponível em: <http://commons.wikimedia.org/wiki/File:Rembrandt_self-portrait_1629.jpg>. Acesso em: 22 abr. 2014.

Figura 5. A moderna Academia de Atenas. Foto de Sébastien Bertrand from Paris, France (Flickr), via Wikimedia Commons. Disponível em: <http://commons.wikimedia.org/wiki/File%3AThe_Academy_of_Athens.jpg>. Acesso em: 22 abr. 2014.

Figura 6. Busto de Aristóteles em mármore, encontrado em 2006 pelo arqueólogo Alkistis Horemi. Disponível em: <http://www.rosario3.com/ocio/noticias.aspx?idNot=4771>. Acesso em: 22 abr. 2014.

Figura 7. *Diógenes*, John William Waterhouse, 1882. Disponível em: <http://commons.wikimedia.org/wiki/File%3AWaterhouse-Diogenes.jpg>. Acesso em: 22 abr. 2014.

Figura 8. Templo de Erecteion. Foto de usuário Mountain, via Wikimedia Commons. Disponível em: <http://commons.wikimedia.org/wiki/File%3AErchtheum_from_western-north.jpg>. Acesso em: 22 abr. 2014.

Figura 9. *São Jerônimo em seu estúdio*, de Domenico Ghirlandaio, 1480. Disponível em: <http://commons.wikimedia.org/wiki/File%3ADomenico_Ghirlandaio_-_St_Jerome_in_his_study.jpg>. Acesso: 22 abr. 2014.

Figura 10. Luneta do século XVI. Fotógrafo desconhecido. Disponível em: <http://www.fisica-interessante.com/biografia-galileu-galilei.html>. Acesso em: 21 abr. 2014.

Figura 11. Avião esboçado por Leonardo da Vinci. Disponível em: <http://www.laifi.com/laifi.php?id_laifi=1101&idC=17725#>. Acesso em: 21 abr. 2014.

Figura 12. *Aula de anatomia do Dr. Nicolaes Tulp*, de Rembrandt, 1632. Disponível em: <http://commons.wikimedia.org/wiki/File%3ARembrandt_Harmensz._van_Rijn_007.jpg>. Acesso em: 21 abr. 2014.

Figura 13. Espinosa. Artista desconhecido. Disponível em: < http://commons.wikimedia.org/wiki/File%3ASpinoza.jpg>. Acesso em: 21 abr. 2014.

Figura 14. Desenho de máquina a vapor desenvolvida durante o século XVIII. Desenho por usuário Panther, da Wikimedia Commons. Disponível em: <http://commons.wikimedia.org/wiki/File%3ASteam_engine_in_action.gif>. Acesso em: 21 abr. 2014. Acesso em: 21 abr. 2014.

Figura 15. Desfile de soldados bolcheviques, 1917. Desfile de soldados bolcheviques, 1917. Foto de Albert Rhys Williams. Disponível em: <http://commons.wikimedia.org/wiki/File%3ABatallonesBolcheviquesHaciaSmolny--throughrussianre00willuoft.jpg>. Acesso: 21 abr. 2014.

Figura 16. Cena do filme *Tempos Modernos*. Disponível em: <http://revista.casavogue.globo.com/lazer-cultura/vem-ai-uma-grande-mostra-sobre-chaplin/>.Acesso em: 21 abr. 2014.

Figura 17. Albert Camus. Fotografia de Robert Edwards (http://books.atheism.ru/gallery/kamu/). Disponível em: <http://commons.wikimedia.org/wiki/File%3AAlbert_Camus2.jpg>. Acesso em: 21 abr. 2014.

Figura 18. Clément Rosset em Madri, 2002. Foto: Miguel Gener. Disponível em: <http://elpais.com/diario/2008/02/02/babelia/1201911439_850215.html>. Acesso em: 11 dez. 2013. Acesso em: 11 dez. 2013.

Este livro foi composto com tipografia Minion Pro e impresso
em papel Offset 90 g/m² na Gráfica Paulinelli.